探寻建设
中华民族现代文明之径

TANXUN JIANSHE ZHONGHUA MINZU
XIANDAI WENMING ZHIJING

王学斌／著

人民出版社

自　序

2023 年,对于中国特色社会主义文化建设而言,无疑是值得铭记的一年。中国共产党通过多次重要的国际活动、党内会议,专门针对文化传承发展进行了极其高位、关乎长远的擘画与设计,实现了对新时代文化建设诸多领域的系统性总结和前瞻性部署。

2023 年 3 月 15 日,在中国共产党与世界政党高层对话会上,习近平总书记向全世界郑重提出了"全球文明倡议",这既展现了中国着力推动世界各国进行良性文明对话的意愿,也某种程度上体现出中国共产党正在构建"文明型政党"的尝试。

2023 年 6 月 2 日,党中央召开文化传承发展座谈会,习近平总书记提出了极其重要的"建设中华民族现代文明"新命题,解答了中华文明突出特性这一课题,实现了对"两个结合"特别是"第二个结合"核心要义的破题,点明了中国特色社会主义文化建设的十四项议题。

2023 年 6 月 30 日,习近平总书记在二十届中央政治局第六次集体学习时,专就理论创新的基本原则概括出"决不能抛弃马克思主义这个魂脉,决不能抛弃中华优秀传统文化这个根脉"的重大论断。

2023 年 10 月 7 日至 8 日，全国宣传思想文化工作会议召开，习近平总书记作出重要指示强调，"聚焦用党的创新理论武装全党、教育人民这个首要政治任务，围绕在新的历史起点上继续推动文化繁荣、建设文化强国、建设中华民族现代文明这一新的文化使命"，并提出了"七个着力"的具体要求。

2023 年 10 月 27 日，习近平总书记在二十届中央政治局第九次集体学习时指出："要着眼建设中华民族现代文明，不断构筑中华民族共有精神家园。必须顺应中华民族从历史走向未来、从传统走向现代、从多元凝聚为一体的发展大趋势，深刻理解把握中华文明的突出特性，在新的历史起点上不断构筑中华民族共有精神家园，为铸牢中华民族共同体意识奠定坚实的精神和文化基础。"

综观如上重要会议及活动，立足新的历史起点，中国共产党对自身文化传承发展的宏远构想愈益清晰明了。其一，"固本以求根牢"。中国特色社会主义道路是在马克思主义指导下走出来的，也是从 5000 多年中华文明史中走出来的。赓续弥足珍贵的历史文脉，在持续创造创新中实现故物重光，则势所必然。其二，"培元以谋干强"。马克思主义是党和人民事业不断发展的参天大树之根本，是党和人民不断奋进的万里长河之泉源。是故推进马克思主义中国化时代化，尤其是在"两个结合"中不断充实马克思主义的文化生命，显示出日益鲜明的中国风格与中国气派，无疑是重中之重。其三，"强基以生新枝"。中华文明绵延不绝、与时俱进，亘古亘今，亦新亦旧。在实现中国式现代化的壮阔进程中，如何在 5000 多年深厚的中华文明基础上建设中华民族现代文明，当是未来通过文化建设来引领诸多领域发展的长远重任。其四，"铸魂以续主脉"。历史正反两方面的经验表明，"两个结合"是我们取得成功的最大法宝。因此在现实工作中仍须以中国为方法，让"两个结合"更自然地融入制度构建、实践摸索之中，从而赋予理论以新的内涵，自然成为全党理论总结与发展的重心所在。

作为文明古国，我们有着悠久且自洽的一整套治理传统，其中文治与文教便是贯通和运行于各项制度之内的核心理念。党的十八大以来，以习近平同志为核心的党中央不断将文化置于治国理政的突出地位，意味着文化在总体格局中恐怕不仅仅起着赋能之用，当渐具大体之效。循此演进理路，中国共产党在新时代极力探寻中华文明的发展规律，总结提炼出"两个结合"，提出未来建设中华民族现代文明之宏远规划，且赋予其新的文化使命之定位，终以习近平文化思想这一博大深邃的理论体系统摄诸项，使得各安其位，融为一体。

如上问题，是笔者持续关注的重大议题，也是本书试作探讨的核心话题。一年多来，拉拉杂杂，且思且写，不料竟有了一部书的规模。笔者不揣浅陋，向诸位贤哲俊彦奉上拙作，期待金玉之言斧正，更渴盼洪钟大吕奏鸣。

草撰于陇中金城黄河之畔
2024 年 4 月 2 日晚
改定于大有庄书房一隅
2024 年 6 月 1 日

目　　录

第三编　旧邦新命，辉光日新

——全面理解"第二个结合"

第四编　承新使命，再建文明

——着力建设中华民族现代文明

第五编　赓续文脉，返本开新

——不断培育中华民族文化根脉

第六编　融汇中外,贯通古今

——增进文明交流互鉴

第一编

明体达用，体用贯通

——深入学习贯彻新时代党的文化建设创新理论

担负起新的文化使命，
推动中国特色社会主义文化建设

　　党的十八大以来，以习近平同志为核心的党中央对新时代中国特色社会主义文化建设规律的认识不断深化，提出一系列重大观点、论断、部署，形成了主旨鲜明、系统完备、逻辑严密、意蕴深邃的科学思想理论体系，这是新时代党领导文化建设实践经验的理论总结，丰富和发展了马克思主义文化理论。

　　宣传思想文化工作事关党的前途命运，事关国家长治久安，事关民族凝聚力和向心力，是一项极端重要的工作。2023 年 10 月 7 日至 8 日，全国宣传思想文化工作会议召开，习近平总书记紧扣新形势新任务，对宣传思想文化工作作出了一系列重要指示。具体而言，即明确了宣传思想文化工作应完成的首要政治任务，聚焦于新的历史起点上应肩负新的文化使命，指明了未来文化建设应遵循的三个基本原则，以及概括出"七个着力"的相关落实要求。

　　正如《中共中央关于党的百年奋斗重大成就和历史经验的决议》所揭示的：十八大以来，"党准确把握世界范围内思想文化相互激荡、我国社会思想观念深刻变化的趋势"，面对宣传思想文化领域中持续动态变化的难点、焦点、痛点、热点与重点问题，以立为本、立破并举，"我国意识形态领域形势发生全局性、根本性转变，全党全国各族人民文化自信明显增强，全社会凝聚力和向心力极大提升，为新时代开创党和国家事业新局面提供了坚强思想保证和强大精神力量"。

因此，细致梳理新时代以来宣传思想文化领域工作布局与推进的一贯脉络，亦要详尽辨析相关工作有机联动所形成与深化的内在逻辑。

立破并举，奠定规模

改革开放以后，党坚持物质文明和精神文明两手抓、两手硬，推动社会主义文化繁荣发展，振奋了民族精神，凝聚了民族力量。同时，拜金主义、享乐主义、极端个人主义和历史虚无主义等错误思潮不时出现，网络舆论乱象丛生，一些领导干部政治立场模糊、缺乏斗争精神，严重影响人们思想和社会舆论环境。党的十八大以来，以习近平同志为核心的党中央，立足于实现中华民族伟大复兴的战略高度，怀着强烈的问题意识和巨大的使命担当，因势而谋、应势而动、顺势而为，边破边立，逐渐扭转了宣传思想文化领域的诸多问题。

进入新时代，意识形态工作愈发重要且关键，是为国家立心、为民族立魂的工作。面对意识形态领域党的领导弱化问题，新形势下意识形态领域斗争复杂尖锐的现状，党中央立破并举、激浊扬清，牢牢掌握意识形态工作领导权和主导权。在 2013 年全国宣传思想工作会议上，习近平总书记即强调："意识形态工作是党的一项极端重要的工作""能否做好意识形态工作，事关党的前途命运，事关国家长治久安，事关民族凝聚力和向心力"，这是对现阶段党情尤其是意识形态领域的精准判断。2015 年又指出："在意识形态领域斗争上，我们没有任何妥协、退让的余地，必须取得全胜。"在 2018 年全国宣传思想工作会议上，习近平总书记强调，"必须坚持以立为本、立破并举"，这恰是其明体达用的实践逻辑。

回顾新时代以来的伟大文化实践，择取所立之大者，可见巩固文化主体性是基础，坚持文化领导权乃根本，担负新的文化使命为目标，具体而言，首先，就是要巩固马克思主义在意识形态领域的指导地位，巩固全党全国人民团结奋斗的共同思想基础。十九届中央政治局在五年里先后围绕历史唯物主义、辩证唯物主义、马克思主义政治经济学和推进马克思主义中国化时代化大众化进行了四次集体学习，并召开了纪念毛泽东同志诞辰 120 周年座谈会、全国党校工作会议和全国高校思想政治工作会议等重要会议，为解决相关问题作出了明确部署。如习近平总书记强调，"马克思主义就是我们党和人民事业不断发展的参天大树之根本，就是我们党和人民不断奋进的万里长河之泉源"，要立足我国实际，以我们正在做的事情为中心，聆听人民心声，回应现实需要，深入总结中国特色社会主义实践，更好实现马克思主义基本原理同当代中国具体实际相结合，同时也要放宽视野，吸收人类文明一切有益成果，不断创新和发展马克思主义。再如明确指出："党校特别是中央党校要坚持以马克思主义为指导，在研究上多下功夫，多搞'集成'和'总装'，多搞'自主创新'和'综合创新'，为建设具有中国特色、中国风格、中国气派的哲学社会科学体系作出贡献。"另外针对思想政治工作，习近平总书记强调："要坚持把立德树人作为中心环节，把思想政治工作贯穿教育教学全过程，实现全程育人、全方位育人，努力开创我国高等教育事业发展新局面。"其次,突出强调坚持党的新闻舆论工作的正确政治方向。党的新闻舆论工作是党的一项重要工作,是治国理政、定国安邦的大事。在新的时代条件下,党的新闻舆论工作的职责和使命是:高举旗帜、引领导向,围绕中心、服务大局,团结人民、鼓舞士气,成风化人、凝心聚力,澄清谬误、明辨是非,联接中外、沟通世界,切实提高党的新闻舆论传播力、引导力、影响力、公信力。再次,展现出对网络安全和信息化工作前所未有的重视。党中央强调要本着对社会负责、对人民负责的态度,树立正确的网络安全观。依法加强网络空间治理,加强网络内容建设,做强网上正面宣传,培育积极健康、向上向善的网络文化,用社会主义核心价值观和人类优秀文明成果滋养人心、滋养社会,做到正能量充沛、主旋律高昂,为广大网民特别是青少年营造一个风清气正的网络空间。最后,对哲学社会科学工作提出了关乎大局的新要求。党中央要求加快构建中国特色哲学社会科学,按照立足中国、借鉴国外,挖掘历史、把握当代,关怀人类、面向未来的思路,着力构建中国特色哲学社会科学,在指导思想、学科体系、学术体系、话语体系等方面充分体现中国特色、中国风格、中国气派,要注意加强话语体系建设。

党对意识形态工作的科学把握,充分体现了习近平总书记对于坚持党的文化领导权的重视与深化。坚持党的文化领导权是事关党和国家前途命运的大事。坚持党的文化领导权,是深刻总结党的历史经验、洞察时代发展大势后的必然之举,充分体现了我们党对文化地位作用的深刻认识。围绕这一重大战略,并聚焦用党的创新理论武装全党、教育人民这个首要政治任务,党的十八大以来,党中央始终强调党管宣传、党管意识形态、党管媒体是坚持党的领导的重要方面,全面落实意识形态工作责任制,鲜明提出要牢牢掌握意识形态工作领导权;始终如一地将培育和践行社会主义核心价值观视为一项凝魂聚气、强基固本的基础工程,坚持以德树人、以文化人,绵绵发力,使得这项任务顺利进入广泛践行阶段;掌握信息化条件下舆论主导权、广泛凝聚社会共识是巩固壮大主流思想文化的必然要求,也是坚持党的文化领导权的题中应有之义。习近平总书记深刻指出,没有网络安全就没有国家安全,没有信息化就没有现代化,网络安全和信息化事关党的长期执政,事关国家长治久安,事关经济社会发展和人民群众福祉,过不了互联网这一关,就过不了长期执政这一关,要把网信工作摆在党和国家事业全局中来谋划,坚决维护党中央集中统一领导,这毫无疑问反映出党对信息化时代新闻传播规律的深刻总结。

着力建设具有强大凝聚力和引领力的社会主义意识形态,必须坚持党的文化领导权。意识形态关乎旗帜、关乎道路、关乎国家政治安全。正如习近平总书记强调的,经济建设是党的中心工作,意识形态工作是党的一项极端重要的工作。面对改革发展稳定复杂局面和社会思想意识多元多样、媒体格局深刻变化,在集中精力进行经济建设的同时,一刻也不能放松和削弱意识形态工作,必须把意识形态工作的领导权、管理权、话语权牢牢掌握在手中,任何时候都不能旁落,否则就要犯无可挽回的历史性错误。这是在深刻把握党领导意识形态工作中长期积累的宝贵经验,特别是在党的十八大以来创造的新鲜经验基础上提出的一项重大任务。这也是中国特色社会主义进入新时代,我们党站在新的历史方位上,激发全民族文化创新创造活力,建设社会主义文化强国的一项关键目标。尤其是党的十九届四中全会,我们确立了"要坚持马克思主义在意识形态领域指导地位的根本制度",这集中体现了党在意识形态领域治理方面一种治道与治术的贯通。诸多论述和部署深刻阐明了加强党对宣传思想文化工作领导的极端重要性,明确了做好宣传思想文化工作必须坚持的政治保证。

文化自信,是一个国家、民族、政党对自身文化价值的充分肯定,对自身文化生命力的坚定信念。对中国共产党而言,文化自信本质上是指对中国特色社会主义文化的自信。经过改革开放以后30多载的摸索与积累,中国共产党终于提炼出文化自信这样至关重要的原创性理论,且在新时代以来的伟大文化实践中趋于深化与成熟。众所周知,十八大之前,党的文化理论以"文化自觉"为主导,这是解答改革开放以来文化转型的1.0版方案。在2013年全国宣传思想工作会议上,习近平总书记意味深长地提出了一个宏大命题:"要讲清楚每个国家和民族的历史传统、文化积淀、基本国情不同,其发展道路必然有着自己的特色;讲清楚中华文化积淀着中华民族最深沉的精神追求,是中华民族生生不息、发展壮大的丰厚滋养;讲清楚中华优秀传统文化是中华民族的突出优势,是我们最深厚的文化软实力;讲清楚中国特色社会主义植根于中华文化沃土、反映中国人民意愿、适应中国和时代发展进步要求,有着深厚历史渊源和广泛现实基础。""四个讲清楚"的要求,预示着进入新时代,面对持续变化的文化形势和与日俱增的文化使命,党中央提炼出新的理论加以统领文化大局。2013年5月4日,习近平总书记在同各界优秀青年代表座谈时指出:"中国特色社会主义是物质文明和精神文明全面发展的社会主义。一个没有精神力量的民族难以自立自强,一项没有文化支撑的事业难以持续长久"。这实际上已经提出了依靠什么力量能够保证中国特色社会主义事业持续发展的命题。在2014年2月24日十八届中央政治局第十三次集体学习时,习近平总书记明确提出了"增强文化自信和价值观自信"。之后，习近平总书记又连续多次对"文化自信"加以强调。2016年7月1日，在庆祝中国共产党成立95周年大会上，习近平总书记指出，"文化自信，是更基础、更广泛、更深厚的自信"。"全党要坚定道路自信、理论自信、制度自信、文化自信"。在党的十九大报告中，习近平总书记站在新时代历史使命的高度上，提出了"坚定文化自信，推动社会主义文化繁荣兴盛"的文化新任务。文化自信成为习近平总书记治国理政的新理念、新思想、新战略，也顺理成章地成为解答进入新时代文化建设问题的2.0版方案。尚需注意的是，文化自信的凸显，并不代表文化自觉的淡出。文化自信与文化自觉之间是一种辩证的、共生共在的关系，文化自信应当建立在具有反思性的文化自觉的基础之上，只有这样认识才能实现对文化自信更为深刻的理解。党的二十大报告明确指出："从现在起，中国共产党的中心任务就是团结带领全国各族人民全面建成社会主义现代化强国、实现第二个百年奋斗目标，以中国式现代化全面推进中华民族伟大复兴。"这昭示着阶段性任务的重大调整。在这个新的历史方位上，更加需要中国特色社会主义文化作为强大精神力量来激励全党全国各族人民奋勇前进，从而彰显文化自信自强。

文化自信具备五重属性。其一，以中华优秀传统文化为根脉。我们持续从弘扬优秀传统文化中寻找精气神。中华优秀传统文化是中华民族的文化根脉，其蕴含的思想观念、人文精神、道德规范，不仅是我们中国人思想和精神的内核，对解决人类问题也有重要价值，因此具有无比的厚度。其二，以中国悠久漫长的历史为轴线。新时代坚持和发展中国特色社会主义，更加需要系统研究中国历史和文化，更加需要深刻把握人类发展历史规律，因此具有空前的广度。其三，以 5000 多年不曾断裂的文明为载体。源远流长、博大精深的中华文明，是中华民族独特的精神标识，是当代中国文化的根基，是维系全世界华人的精神纽带，也是中国文化创新的宝藏，其突出特性是开辟和发展中国特色社会主义的深厚基础，因此具有独特的高度。其四，以百年来中国共产党人的持续理论创新为灵魂。我们坚持古为今用、推陈出新，以马克思主义为指导对 5000 多年中华文明宝库进行全面挖掘，用马克思主义激活中华优秀传统文化中富有生命力的优秀因子并赋予其新的时代内涵，有效把马克思主义思想精髓同中华优秀传统文化精华贯通起来，聚变为新的理论优势与创新动力，因此具有可贵的深度。其五，以无数中国人民的现实生产生活为依托。我们持续深化文化体制改革，解放和发展文化生产力，发扬学术民主、艺术民主，为人民提供广阔文化舞台，让一切文化创造源泉充分涌流，从而促使全民族文化创造活力持续迸发，因此具有真实的温度。综上，厚度、广度、高度、深度、温度，"五度"合一，所以文化自信是更基础、更广泛、更深厚的自信，是最基本、最深沉、最持久的力量。

习近平总书记指出，在新的赶考之路上，我们能否继续交出优异答卷，关键在于有没有坚定的历史自信。在 2021 年 11 月 11 日党的十九届六中全会第二次全体会议上，习近平总书记首次明确指出，全党要"坚定历史自信"，之后"历史自信"这一论断被不断提及与强调。循名责实，历史自信是中国共产党、中华民族源于自身历史最纵深处对既有文明进程、百年奋斗历程、伟大复兴征程与人类发展前程的深厚高远且持久坚实的信仰、信念与信心。中国共产党之所以形成历史自信，有四重原因，即传承了中华文明深邃的历史精神、担负着实现伟大复兴的历史使命、积淀下丰富有机宝贵的历史经验和内生出高度敏感强烈的历史自觉。可见，历史自信成为我们把握与理解"四个讲清楚"的重要依据。

要之，文化的传承与发展，离不开历史的绵延与积淀；历史的总结与前行，少不了文化的提炼与升华。也就意味着，历史自信与文化自信早就融为一体，共存于党的理论创新、实践创新和制度创新之中，构成了中国共产党新时代文明观的两翼。在百余年的踔厉前行的过程中，中国共产党深刻把握了中华文明的发展规律，继承了中国历史文化的可贵精神，同时对中国特色社会主义文化建设规律的认识达到了新高度。正如全国宣传思想文化工作会议所指出的，"表明我们党的历史自信、文化自信达到了新高度，并在我国社会主义文化建设中展现出了强大伟力"。

面对党的十八大前后"一些领域存在道德失范、诚信缺失现象"的严峻情形，党中央坚持以社会主义核心价值观引领文化建设，注重用社会主义先进文化、革命文化、中华优秀传统文化培根铸魂。在2014年10月15日召开的文艺工作座谈会上，习近平总书记对改革开放以来价值观领域存在的问题有过极为犀利而深刻的揭示："一些人价值观缺失，观念没有善恶，行为没有底线，什么违反党纪国法的事情都敢干，什么缺德的勾当都敢做，没有国家观念、集体观念、家庭观念，不讲对错，不问是非，不知美丑，不辨香臭，浑浑噩噩，穷奢极欲。现在社会上出现的种种问题病根都在这里。"倘若这方面的问题得不到有效解决，改革开放和社会主义现代化建设就难以顺利推进。正是基于此种深沉的现实考虑，习近平总书记亲自部署，务求实效，明确指出文化软实力的灵魂和重点"就是核心价值观，这是决定文化性质和方向的最深层次要素。一个国家的文化软实力，从根本上说，取决于其核心价值观的生命力、凝聚力、感召力"。2013年12月11日，中共中央办公厅印发《关于培育和践行社会主义核心价值观的意见》,指出社会主义核心价值观是社会主义核心价值体系的内核,体现社会主义核心价值体系的根本性质和基本特征,反映社会主义核心价值体系的丰富内涵和实践要求,是社会主义核心价值体系的高度凝练和集中表达,具有极其重要的意义。通过中央政治局集体学习、赴北京大学、上海调研、组织座谈会等多种途径,以习近平同志为核心的党中央将培育和践行社会主义核心价值观作为一项推进中国特色社会主义伟大事业、实现中华民族伟大复兴中国梦的战略任务。五年的持之不懈,党的十九大报告中终将社会主义核心价值观明确写入,且给予"是当代中国精神的集中体现,凝结着全体人民共同的价值追求"的定位。党的二十大报告提出,把社会主义核心价值观融入法治建设、融入社会发展、融入日常生活。

肇因于"两个结合"的持续深化,方可巩固文化主体性。任何文化要立得住、行得远,要有引领力、凝聚力、塑造力、辐射力,就必须有自己的主体性。中国共产党历来重视文化,新时代我们党在道路自信、理论自信、制度自信的基础上增加了文化自信。主体性是某个主体相对于客体才会内生的一种意识。文化的主体是人,中华民族自然是中华文化的主体,中华文化主体性是中华民族主体性的文化表征,是中华文化在同外来文化交往交流中得以界定自身、规定对话路径的文化立场与态度。习近平新时代中国特色社会主义思想就是当代中国文化主体性的最有力体现。作为"两个结合"光辉典范的习近平新时代中国特色社会主义思想,最为有力地体现了这一文化主体性。职是之故,党的十八大以来,党中央提出了文化自信这样的原创性理论。文化自信就来自我们的文化主体性,是其鲜明体现。文化自信充分证明,文化主体性是中国共产党带领中国人民在中国大地上建立起来的;是在创造性转化、创新性发展中华优秀传统文化，继承革命文化，发展社会主义先进文化，借鉴吸收人类一切优秀文明成果的基础上建立起来的；是通过把马克思主义基本原理同中国具体实际、同中华优秀传统文化相结合建立起来的。与此同时，我们党始终秉承以人民为中心的工作导向，凸显人民的文化主体地位，展现党领导和推动文化建设的鲜明立场。我们党须臾不忘保护历史文化遗产，这是推动文化传承发展、深化"两个结合"、确保文化主体性的重要载体，承载着中华民族的基因和血脉，蕴含着不言自明的历史文脉。

在5000多年中华文明深厚基础上开辟和发展中国特色社会主义，把马克思主义基本原理同中国具体实际、同中华优秀传统文化相结合是必由之路。这是我们在探索中国特色社会主义道路中得出的规律性认识，也揭示出党推动理论创新和文化繁荣的必由之路。

面对党的十八大之前国人对于中华文化认知尚不明晰的情况，习近平总书记强调，中华优秀传统文化是中华民族的突出优势，是我们在世界文化激荡中站稳脚跟的根基，必须结合新的时代条件传承和弘扬好。从理论创新与实践探索彼此互动的角度来看，马克思主义基本原理同中国具体实际相结合，必然要求进一步与中华文明或中华优秀传统文化更深入地结合。如果说"第一个结合"中的中华文明或中华优秀传统文化还是自在契合的对象，那么"第二个结合"中的二者已经是自觉契合的内容。"第二个结合"让马克思主义在具有中国形式、中国形态之后，还具有了中国文化生命，造就了一个有机统一的新的文化生命体。

2013年11月，习近平总书记在山东曲阜考察时，开宗明义地指出："一个国家、一个民族的强盛，总是以文化兴盛为支撑的，中华民族伟大复兴需要以中华文化发展繁荣为条件。对历史文化特别是先人传承下来的道德规范,要坚持古为今用、推陈出新,有鉴别地加以对待,有扬弃地予以继承。"2013年12月30日,习近平总书记在十八届中央政治局第十二次集体学习时指出,"努力实现中华传统美德的创造性转化、创新性发展"。2014年9月24日,在纪念孔子诞辰2565周年国际学术研讨会暨国际儒学联合会第五届会员大会开幕会上,习近平总书记强调:"努力实现传统文化的创造性转化、创新性发展。"2016年5月17日,在哲学社会科学工作座谈会上,习近平总书记又强调,"要推动中华文明创造性转化、创新性发展"。2017年1月25日,中共中央办公厅、国务院办公厅印发了《关于实施中华优秀传统文化传承发展工程的意见》,将"两创"作为实施该工程的基本原则。党的十九大正式将"创造性转化、创新性发展"写入报告,意味着这一理论与实践路径趋于成熟。2021年,习近平总书记在武夷山考察时提出"有机结合"的命题,强调要推动中华优秀传统文化创造性转化、创新性发展,以时代精神激活中华优秀传统文化的生命力。党的二十大报告提出,把马克思主义思想精髓同中华优秀传统文化精华贯通起来、同人民群众日用而不觉的共同价值观念融通起来。2023年6月,在文化传承发展座谈会上揭示出"两个结合"的"五层核心要义"。同年10月,全国宣传思想文化工作会议召开,"赓续中华文脉、推动中华优秀传统文化创造性转化和创新性发展"成为"七个着力"之一。至此,党中央涵育"第二个结合"的过程历历可见,脉络至为清晰。一言以蔽之,"两个结合"是当今进行理论创新、指导中国特色社会主义文化建设最为关键的方法论。

我们通过不断推进中华优秀传统文化的创造性转化、创新性发展,实现了对"两个结合"尤其是"第二个结合"的提出与深化。创造性转化,就是要按照时代特点和要求,对那些至今仍有借鉴价值的内涵和陈旧的表现形式加以改造,赋予其新的时代内涵和现代表达形式,激活其生命力。创新性发展,就是要按照时代的新进步新进展,对中华优秀传统文化的内涵加以补充、拓展、完善,增强其影响力和感召力。或可以这样判断,创造性转化注重继承,创新性发展侧重创新,创新毫无疑问是在继承基础上的创新。申言之,创造性转化和创新性发展一脉相承、不离正轨的理论立足点是马克思主义基本原理,前后相继、相互奥援的贯通点就是中华优秀传统文化。"两创"是新时代中国共产党进行文化发展创造的基本路径,并升格为适用于把握马克思主义基本原理同中华优秀传统文化相结合的具有普遍意义的路径。同时,"第二个结合"为"两创"走向深入提供了明确的推进方向与理论基础。"第二个结合"的战略高度即在于,将马克思主义基本原理、中华优秀传统文化置于更高更深更宏大的中华民族伟大复兴的维度进行重新审视。

面对在国际上"挨骂"问题还没有得到根本解决的现实,党中央加快国际传播能力建设,向世界讲好中国故事、中国共产党故事,传播好中国声音,促进人类文明交流互鉴。党的十八大前后,国际上关于中国的说法很多,其中负面舆论依然不少,"中国威胁论""中国强硬论"等奇谈怪论不绝于耳。同时,伴随中国综合国力不断提升,我们在理论、道路、制度、文化等方面,具有许多值得他国借鉴与参考的经验。但中国在世界上的形象很大程度上仍是"他塑"而非"自塑",在国际上有时还处于有理说不出、说了传不开、理不屈而词穷的境地,存在着信息流进流出的"逆差"、中国真实形象和西方主观印象的"反差"、软实力和硬实力的"落差"。

针对如上现象,习近平总书记在2015年全国党校工作会议上就指出,"落后就要挨打,贫穷就要挨饿,失语就要挨骂"。习近平总书记旗帜鲜明地指出："各种敌对势力绝不会让我们顺顺利利实现中华民族伟大复兴,这就是为什么我们要郑重提醒全党必须准备进行具有许多新的历史特点的伟大斗争的一个原因。这场斗争既包括硬实力的斗争,也包括软实力的较量。"一方面,我们面临着构建国际话语权和与大国文明对话的迫切需要,要着力推进国际传播能力建设,创新对外宣传方式,加强话语体系建设,着力打造融通中外的新概念新范畴新表述,增强在国际上的话语权;另一方面,我们倡导世界文明是多元的、平等的、包容的,各国越来越成为你中有我、我中有你的命运共同体。

作为新时代新征程党的使命任务之一,新的文化使命之落脚点和着力点即铸就社会主义文化新辉煌、建设中华民族现代文明。这是紧扣第二个百年奋斗目标,同时将文化强国纳入其进程之中的长远目标。更为关键的是,"中华民族现代文明"属于"两个结合"尤其是"第二个结合"的未来成果。换言之,中华民族现代文明是马克思主义基本原理同中华优秀传统文化彼此契合、相互成就的产物;是经由"第二个结合",在更广阔的文化空间中,充分运用中华优秀传统文化的宝贵资源,探索面向未来的理论和制度创新的产物;是通过对中华优秀传统文化的持续创造性转化和创新性发展而愈加巩固文化主体性的产物;是中国式现代化的文化形态,是文明自我更新、生生不已的产物;是中国特色社会主义创造的文明新形态,是破除西方现代化理论迷思、在5000多年中华文明深厚基础上开辟和发展出来且融汇人类一切文明成果的产物。作为未来的长期目标,应将建设中华民族现代文明纳入文化建设层面更为高远的目标,由此可见党中央立足长远,谋划深邃。

新的文化使命彰显了我们党促进中华文化繁荣、创造人类文明新形态的历史担当。这需要我们继续坚持中国特色社会主义文化发展道路，发展社会主义先进文化，弘扬革命文化，传承中华优秀传统文化，激发全民族文化创新创造活力，推动社会主义物质文明和精神文明协调发展。

这提示我们在建设自身的同时，尚需时刻注重对外的战略部署。一方面，要将增强我国国际话语权的重要任务摆在突出位置，不断加强国际传播能力建设，全面提升国际传播效能，形成同我国综合国力和国际地位相匹配的国际话语权；另一方面，始终不渝秉持开放包容，推动人类文明进步、应对全球共同挑战，开展更高层次和更深程度的文明交流互鉴，推动人类社会现代化进程、繁荣世界文明百花园。

综观党的十八大以来的宣传思想文化工作，既有接续前行式的推进，也有创榛辟莽般的创建，加强党对意识形态工作的领导，马克思主义在意识形态领域的指导地位更加鲜明，中国特色社会主义和中国梦深入人心，社会主义核心价值观和中华优秀传统文化广泛弘扬。可以说，新时代宣传思想文化的总体框架渐具，四梁八柱初成。

以立为主　臻于成熟

立足新的历史方位，以习近平同志为核心的党中央在宣传思想文化领域的理论创新与大局部署亦与时俱进，更强调以立为本的导向。在2018年召开的全国宣传思想工作会议上，习近平总书记概括出"九个坚持"的重要思想，更部署了新形势下举旗帜、聚民心、育新人、兴文化、展形象的使命任务。这也成为党的十九大以来宣传思想文化工作的重点。在 2023 年 6 月 2 日的文化传承发展座谈会上，习近平总书记提出了文化建设方面的"十四个强调"。同年 10 月，全国宣传思想文化工作会议召开，习近平总书记对宣传思想文化工作提出"七个着力"的要求。依此脉络，可知如上诸多概括、总结、提炼与要求，为我们在新时代文化建设中展现新气象新作为提供了有效的方法与明确的部署。

高举旗帜，党中央以全新的视野深化对共产党执政规律、社会主义建设规律、人类社会发展规律的认识，取得重大理论创新成果，集中体现为习近平新时代中国特色社会主义思想。党的十九大、十九届六中全会提出的"十个明确""十四个坚持""十三个方面成就"概括了这一思想的主要内容。在坚持马克思主义基本原理同中国具体实际相结合的基础上，提出了马克思主义基本原理同中华优秀传统文化相结合，形成了"两个结合"的重大原创性理论和方法论，充分证明习近平新时代中国特色社会主义思想是中华文化和中国精神的时代精华。

凝聚民心，党中央牢牢把握正确舆论导向，做大做强主流思想舆论。我们建立健全党和国家功勋荣誉表彰制度，设立烈士纪念日，深化群众性精神文明创建，建设新时代文明实践中心，推动学习大国建设。党推动学习党史、新中国史、改革开放史、社会主义发展史，建成中国共产党历史展览馆，开展庆祝中国共产党成立 100 周年、中华人民共和国成立 70 周年、中国人民解放军建军 90 周年、改革开放 40 周年和纪念中国人民抗日战争暨世界反法西斯战争胜利 70 周年、中国人民志愿军抗美援朝出国作战 70 周年等活动，在全社会唱响了主旋律、弘扬了正能量。在党的十九届四中全会上，我们强调坚持马克思主义在意识形态领域指导地位的根本制度，使得该项工作有了更为坚实的制度保障。

培育新人，党中央坚持立德树人、以文化人，经过新时代十年的努力与推进，社会主义核心价值观进入了广泛践行的阶段。我们着力弘扬以伟大建党精神为源头的中国共产党人精神谱系，用好红色资源，深入开展社会主义核心价值观宣传教育，深化爱国主义、集体主义、社会主义教育，着力培养担当民族复兴大任的时代新人。推动理想信念教育常态化制度化，引导人民知史爱党、知史爱国，不断坚定中国特色社会主义共同理想。用社会主义核心价值观铸魂育人，完善思想政治工作体系，推进大中小学思想政治教育一体化建设。坚持依法治国和以德治国相结合，把社会主义核心价值观融入法治建设、融入社会发展、融入日常生活。

振兴文化，党中央坚持中国特色社会主义文化发展道路，推动中华优秀传统文化创造性转化、创新性发展，继承革命文化，发展社会主义先进文化。一方面，我们注重对中华文明发展规律的研究与提炼。在 2019 年亚洲文明对话大会开幕式上，习近平总书记从四个方面总结中华文明的基本特质，即"亲仁善邻、协和万邦是中华文明一贯的处世之道，惠民利民、安民富民是中华文明鲜明的价值导向，革故鼎新、与时俱进是中华文明永恒的精神气质，道法自然、天人合一是中华文明内在的生存理念"。在 2022 年 5 月 27 日十九届中央政治局进行第三十九次集体学习时，习近平总书记从四个维度概括中华文明的当代价值，即"是中华民族独特的精神标识，是当代中国文化的根基，是维系全世界华人的精神纽带，也是中国文化创新的宝藏"；2023 年 6 月 2 日，在文化传承发展座谈会上，习近平总书记又从五个层面提炼了中华文明的突出特性，即连续性、创新性、统一性、包容性与和平性，并强调党"在五千多年中华文明深厚基础上开辟和发展中国特色社会主义,把马克思主义基本原理同中国具体实际、同中华优秀传统文化相结合是必由之路"。这是对中华文明整体理念的最新总结,彰显出百年大党高度的文明意识与文化自觉。另一方面,我们持续推进社会主义文化强国建设。在 2020 年 10 月召开的十九届五中全会上,党中央明确给出了到 2035 年建成文化强国的时间表。2022 年 10 月,习近平总书记在河南安阳考察时提出了建设中华民族现代文明的高远目标,从而形成了为实现中华民族伟大复兴提供精神动力与文化支撑的长期规划。

展现形象,党中央大力推进国际传播能力建设,坚守中华文化立场,提炼展示中华文明的精神标识和文化精髓,加快构建中国话语和中国叙事体系。尤其 2021 年习近平总书记在十九届中央政治局第三十次集体学习时强调,要加强顶层设计和研究布局,构建具有鲜明中国特色的战略传播体系,着力提高国际传播影响力、中华文化感召力、中国形象亲和力、中国话语说服力、国际舆论引导力;要加快构建中国话语和中国叙事体系,用中国理论阐释中国实践,用中国实践升华中国理论,打造融通中外的新概念、新范畴、新表述,更加充分、更加鲜明地展现中国故事及其背后的思想力量和精神力量;要广泛宣介中国主张、中国智慧、中国方案,同各国一道为解决全人类问题作出更大贡献;要深入开展各种形式的人文交流活动,通过多种途径推动我国同各国的人文交流和民心相通;要全面提升国际传播效能,建强适应新时代国际传播需要的专门人才队伍。

党的十八大以来,面对构建国际话语权与大国文明对话的迫切世情,立足彰显文化自信与实现中华民族伟大复兴的国情与聚焦意识形态工作日益复杂多元的党情,以习近平同志为核心的党中央怀着强烈的问题意识和变革魄力,开创性地提出了一系列有关文化建设的原创性理论。值得注意的是，与以往相比，2024年10月全国宣传思想文化工作会议的名称增加了"文化"二字。某种程度上的判断，与2013年、2018年两次会议不同，此次意味着完成了三项重大领域工作的整合。

这在此次宣传思想文化工作会议上得以充分的体现，诸如文化自信、建设具有强大凝聚力和引领力的社会主义意识形态、社会主义核心价值观、推动中华优秀传统文化创造性转化和创新性发展、文明交流互鉴、建设中华民族现代文明等重大理论命题悉数入围。所谓"集成"，并非将各种思想理论并列于一起就算大功告成，实际上还涉及彼此间层次地位的更迭与重置。这次最为明显的变化，是将文化自信提升到文化建设所需遵循的基本原则之中，即"坚定文化自信"。众所周知，经过改革开放以来40多年的摸索与积累，中国共产党终于提炼出文化自信这样至关重要的原创性理论，且在新时代以来的伟大文化实践中趋于深化与成熟。可以说，文化自信理论是接续文化自觉理论解答新时代文化建设诸多问题的升级版。立足建设中华民族现代文明的宏阔目标，文化自信便被赋予了更高的意义，即作为一种基本原则或方法论，始终作为提振和指导精神文明建设的内在动力与要求，促使中国特色社会主义文化建设朝着实现文化转型和文明更新的目标迈进。

整体把握"七个着力"的要求

2023年10月7日至8日，全国宣传思想文化工作会议召开，习近平总书记围绕当前重点任务，作出了一系列重要指示。具体而言，即明确了宣传思想文化工作所应完成的首要政治任务，聚焦于新的历史起点上所应担负起新的文化使命，指明了未来文化建设所应遵循的三个基本原则，以及概括出"七个着力"的相关落实要求。其中"七个着力"是党中央立足当前和未来宣传思想文化工作的重点、难点与热点而作出的精准部署，值得从实践角度深加剖析。

"着力加强党对宣传思想文化工作的领导"是总体要求。众所周知，宣传思想文化工作是党的一项极端重要的工作，加强党的领导是做好宣传思想文化工作的应有之义和必然要求。当前，世界百年未有之大变局加速演进，中华民族伟大复兴进入关键时期，战略机遇和风险挑战并存，宣传思想文化工作面临新形势新任务，更急迫需要加强党对相关领域的领导，如落实政治责任、推进综合创新、强化法治保障、增强学科建设、注重人才梯队等诸多方面。

"着力建设具有强大凝聚力和引领力的社会主义意识形态"已上升为根本制度保障。进入新时代，我们的党情也更加复杂。意识形态工作是为国家立心、为民族立魂的工作。习近平总书记在2013

年 8 月 19 日的全国宣传思想工作会议上指出,"能否做好意识形态工作,事关党的前途命运,事关国家长治久安,事关民族凝聚力和向心力",这是对现阶段党情尤其是意识形态领域的一种精准判断。党的十九届四中全会强调,坚持马克思主义在意识形态领域指导地位的根本制度,使得该项工作有了更为坚实的制度保障。放眼未来,要巩固马克思主义在意识形态领域的指导地位,巩固全党全国人民团结奋斗的共同思想基础;本着对社会负责、对人民负责的态度,树立正确的网络安全观。依法加强网络空间治理,加强网络内容建设,做强网上正面宣传,培育积极健康、向上向善的网络文化;同时要求加快构建中国特色哲学社会科学,按照立足中国、借鉴国外,挖掘历史、把握当代,关怀人类、面向未来的思路,着力构建中国特色哲学社会科学。

"着力培育和践行社会主义核心价值观"体现党的内在理念价值与精神追求。人无精神则不立,国无精神则不强。唯有精神上站得住、站得稳,一个民族才能在历史洪流中屹立不倒、挺立潮头。同困难作斗争,是物质的角力,也是精神的对垒。习近平总书记在党的二十大报告中指出:"社会主义核心价值观是凝聚人心、汇聚民力的强大力量。"因此,新时代广泛践行社会主义核心价值观,要弘扬以伟大建党精神为源头的中国共产党人精神谱系,用好红色资源,深入开展社会主义核心价值观宣传教育,深化爱国主义、集体主义、社会主义教育,着力培养担当强国建设、民族复兴大任的时代新人。推动理想信念教育常态化制度化,持续抓好党史、新中国史、改革开放史、社会主义发展史、中华民族发展史宣传教育,引导人民知史爱党、知史爱国,不断坚定中国特色社会主义共同理想。用社会主义核心价值观铸魂育人,完善思想政治工作体系,推进大中小学思想政治教育一体化建设。坚持依法治国和以德治国相结合,把社会主义核心价值观融入法治建设、融入社会发展、融入日常生活。

"着力提升新闻舆论传播力引导力影响力公信力"是党的一项重要工作,是治国理政、定国安邦的大事。在新的时代条件下,党的新闻舆论工作的职责和使命是:高举旗帜、引领导向,围绕中心、服务大局,团结人民、鼓舞士气,成风化人、凝心聚力,澄清谬误、明辨是非,联接中外、沟通世界,切实提高党的新闻舆论传播力、引导力、影响力、公信力。近年来,新技术的崛起与媒体格局的嬗变,让传播环境日趋复杂。在互联网环境中,社群、算法甚至平台都会直接或者间接影响信息传播的质效。在这个环境中,主流新闻媒体更须强化自身专业能力优势,扎根新闻现场,提升新闻的时效性和全面性,回应社会对复杂信息的需求,敢于在复杂舆论中向不良社会风气亮剑,从而做到最快、最准、最完整,在复杂舆论中发挥更强的传播引导作用,获得良好的传播效果。

"着力赓续中华文脉、推动中华优秀传统文化创造性转化和创新性发展"是实现文化传承发展、建设中华民族现代文明的方针与方法。文脉不断,民族长青。放眼未来,我们需要持续加强多学科联合攻关,推动中华文明探源工程取得更多成果;深入研究中华文明特质和形态,为人类文明新形态建设提供理论支撑;让更多文物和文化遗产活起来,营造传承中华文明的浓厚社会氛围。

"着力推动文化事业和文化产业繁荣发展"是如期建成文化强国的具体路径。对于推动文化事业和文化产业的发展,习近平总书记明确指出,要在继续大胆推进改革、推动文化事业全面繁荣和文化产业快速发展,建成社会主义文化强国的同时,把握好意识形态属性和产业属性、经济利益和社会效益的关系,始终坚持社会主义先进文化前进方向,始终把社会效益放在首位。衡量文化产业发展质量和水平,最重要的不是看经济效益,而是看能不能提供更多既能满足人民文化需求、又能增强人民精神力量的文化产品。要坚持把社会效益放在首位、社会效益和经济效益相统一,深化文化体制改革,完善文化产业规划和政策,不断扩大优质文化产品供给。要顺应数字产业化和产业数字化发展趋势,加快发展新型文化业态,改造提升传统文化业态,提高质量效益和核心竞争力。要围绕国家重大区域发展战略,把握文化产业发展特点规律和资源要素条件,促进形成文化产业发展新格局。加大文物和文化遗产保护力度,加强城乡建设中历史文化保护传承,建好用好国家文化公园。坚持以文塑旅、以旅彰文,推进文化和旅游深度融合发展。广泛开展全民健身活动,加强青少年体育工作,促进群众体育和竞技体育全面发展,加快建设体育强国。

"着力加强国际传播能力建设、促进文明交流互鉴"是提升国际话语权与进行良性文明对话的基本保证。我们须在新的历史起点上,不断提高国家文化软实力,就必须使当代中国价值观念走向世界,必须把当代中国价值观念贯穿于国际交流和传播方方面面,阐释好中国特色,加深国际社会对中国特色社会主义的认识和了解。国际话语权是国家文化软实力的重要组成部分,要加强国际传播能力建设,精心构建对外话语体系,创新对外话语表达方式,拓展文化传播渠道,讲好中国故事,传播好中国声音。讲好中国故事,提升国家话语权,就是要讲事实、讲形象、讲情感、讲道理,用事实说服人,以形象打动人,凭情感感染人,借道理影响人,最终把中国历史文化之道、中国改革发展之道、中国参与世界治理之道,讲给世界,从而树立中国文明大国的国际形象。正如习近平总书记所反复强调的,"推进国际传播能力建设,讲好中国故事,展现真实、立体、全面的中国,提高国家文化软实力"。

综上,"七个着力"各司其职,且内外相系、彼此贯通,恰恰说明习近平文化思想是一个首尾相顾、上下互动的理论体系。

中华优秀传统文化创造性转化、创新性发展的历程、层次与实践

  中华优秀传统文化，依笔者愚见，至少要弄清两层含义：第一，何为优秀。现在，从国家到基层都在探索、发掘、提倡、弘扬、创新我们的文化。在新时代，我们有一个重新认识自身文化的过程，现在对中华优秀传统文化还不能说已经完全把握和理解，需要继续深入探讨。第二，面临新的时代使命，我们还要去传承、创新和发展中华优秀传统文化，让它更优秀。这就符合返本开新的宗旨，所以才有创造性转化、创新性发展命题的提出。

  2023 年 6 月 2 日，习近平总书记在文化传承发展座谈会上的讲话中指出："只有全面深入了解中华文明的历史，才能更有效地推动中华优秀传统文化创造性转化、创新性发展，更有力地推进中国特色社会主义文化建设，建设中华民族现代文明。""两创"在建设中华民族现代文明中是路径和方针，只有持续不懈地深化推进"两创"，才能更好地认知、把握乃至创新自身的文明和文化。

  许倬云先生讲过，中华文明的优势有很多，但如果谈最大的综合优势无非就是八个字，拥有强大的"容纳之量"与"消化之功"。中华文明会把很多不同文明的优良元素在漫长的历史融合中化于自身之

内,这个很了不起。儒、释、道都属于我们的传统文化,所以千万不要把传统文化单单归结为儒家文化,况且儒家文化本身也是开放性的。创造性转化、创新性发展就是要开放吸收人类所有知识的总和,然后实现自我的提升与更新。新时代以来,我们党一直提"两创",就在于我们有这么高的认知和这么高的自觉,要把优秀文化通过时代要求同更多好的文明成果结合起来。

一、历程

2022年5月27日,习近平总书记在十九届中央政治局第三十九次集体学习时讲过这么一段话:"西方很多人习惯于把中国看作西方现代化理论视野中的近现代民族国家,没有从五千多年文明史的角度来看中国,这样就难以真正理解中国的过去、现在、未来。"这个话其实是有深意的。西方的学者、政要、老百姓看中国有这样那样的问题,我们完全可以理解,他们是从自身文明的经验和成长过程来看中国,那很正常,拿着他们的尺度来衡量一定会有偏差,但我们千万不要也拿西方视角来看自己,不是说不能用,但要有自觉,毕竟我们的文明是一个生命体,我们是在自身特殊的文明土壤中成长起来的。我们的特殊不代表我们跟别人不能交流,特殊是我们跟别人不太一样,不代表我们完全不一样。所以我们须秉持一种开放心态,我们有不同点,但立足本身再去交流,能够更好地成长。同时又有容纳之量,不断消化新的成果。

2013年11月,习近平总书记在山东曲阜考察,他讲道:"我这次来曲阜就是要发出一个信息:要大力弘扬中国传统文化。"这个讲话为我们看待自身文化的态度定了基调，引领整个社会往这个方向努力；2013 年 12 月，习近平总书记提出要努力实现中华传统美德的创造性转化、创新性发展；2014 年 9 月 24 日，习近平总书记提出努力实现传统文化的"两创"；2016 年，习近平总书记又提出推动中华文明的"两创"。到了党的十九大报告中，我们提出的是对中华优秀传统文化进行"两创"。在笔者看来，这五年很关键，就是要对方针和理论工具进行系统的讨论和深化，最后方能定型。我们会发现不仅"两创"应用于具体的传统文化现代转化问题，而且适用于中华文化、中华文明的现代转化问题，乃至"第二个结合"的重大议题，已经具有普遍意义了。

今天我们大家更多的是从事两个工作：其一就是我们在学术理论上丰富"两创"和"第二个结合"，其二就是做实践工作，在中小学把"两创"落实到每个孩子的心灵视野中，这其实更了不起。笔者认为"两创"没有高低之分，关键是要落实，真正让孩子们由热爱到对本国文化产生信仰。这几年受人民出版社之约，笔者写过一部《夏丏尊传》。夏先生早在民国时期就翻译过一部叫作《爱的教育》的著作，这对我启示很大。只有爱你的文化才能爱你的祖国，才能产生即使到天涯海角也不会对自己的国家产生割裂感的价值认同与文化信仰。这种情感其实就是文化主体性。

二、层次

"两创"虽然没有高低之分，但一定会有层次，没有层次就无法从上到下把方针落地、落实、落细、落小，所以"两创"的基本定位需要搞清楚。创造性转化是按照时代的要求和特点对那些至今仍有借鉴价值和内涵的形式进行改造,赋予新的形式和现代表达方式,也就是保留和传承层面。创新性发展就是按照时代的新进步、新进展对文化进行补充、拓展、完善,增强影响力和感召力,更多的就是创新。实际上就是"亘古亘今,亦新亦旧",这是一个规律。可以从四个层面来理解"两创"的层次。

第一个层面,我们进行创造性转化、创新性发展,切口一定要小,未必要宏大叙事,但内涵一定要深,饱含家国情怀和文化担当,讲出一个让我们熟悉的故事。比如电影《长安三万里》,可能以前上小学、中学、大学,我们很多人古诗从来背不过,但一进入电影院,屏幕展开以后就忍不住跟李白、杜甫、高适们吟诵名篇。这就是创造了一种古典的情境,让我们能够很快融入那个文化氛围中。如果节目或者产品火了,就会引来大量的游客和观众,能不能接得住,能不能提供大量的更好的观赏场地、文旅产品和接待条件,这就是第二个层面。"两创"不是只谈一些空的东西,一定要能够跟我们的生活结合起来,生活原本就需要生产、就需要消费,这很重要。如果市场搞得非常好的话,就能够带来社会效益。笔者有一次去一个地方调研,最后一天晚上约三位朋友去逛夜市,大家穿的是正装,到了夜市门口发现,一时间很难找到第五个跟我们穿一样服装的人,夜市游人如织,穿的是各种国潮服装:汉服、唐装……以至于我们去饭店吃饭,都不知道谁是服务员,但大家都觉得很自在,整个氛围很自然,那是一个非常自洽的场域。所以第三个层面是要既自在,又自洽,从而提升社会效益。就是让喜欢这些文化的人能够觉得我是这里的主人,我能够享受这种产品及其营造出的氛围。实际上再往深追究,无论是教育还是文旅的创举,其背后就是要能够筑牢我们的文化主体性。大家愿意穿中式的衣服、愿意吃中式的产品、愿意去中式的场地打卡参观,关键在于我们不仅仅是观赏者或者说是旁观者,而是文化的参与者和创作者,这样才能饱含文化主体性,更好地进行"两创"。这是第四个层面。

三、实践

未来的"两创"应该怎么去做?现在党中央对"两创"的定位是方针,面向实践、面向实际、面向具体工作,"两创"更多的是需要深化理论内涵。有关实践,主要有五个方面。

第一,还是需要加强多学科联合攻关,推动中华文明探源工程取得更多成果。这些年,我们通过一系列的探源工程取得的成果非常丰硕,实证了 5000 多年的文明史。比如 2019 年良渚文明申遗全票通过,被一致认为提供了能够印证 5000 年文明的证据链。但我们还有很多关键点没有考古证明,所以讲不清楚。我们的学生可能会问老师一些问题:黄帝是个历史人物还是神话人物、尧舜禹是在哪里出生的、他们是怎么建国的、都有什么作为,等等。这些问题光靠历史典籍是无法完全讲清楚的,确实需要再去丰富实际的考古成果。笔者认为把中华优秀传统文化放进思政课,一方面是爱国主义教育,另一方面是文化教育,也可以说是通识教育,让年轻人在没有进入高等院校之前就有一种通的意识,知道很多问题不是一个学科就能够解决的,一定要有通的意识和通的能力。这样在未来进行"第二个结合"时才能在关键问题上打通、讲清楚。所以,通识能力很重要。当然,考古知识也是非常重要的,会为我们解答困惑提供非常坚实的佐证。

第二,深化研究中华文明特质和形态,能够为人类文明新形态建设提供很多理论支撑。要想为人类文明形态提供更多的理论支撑,没有考古学是万万不行的,但只有考古学也是万万不够的,一定需要多学科联合。如果我们能够在中小学给孩子提供这种意识,未来的很多人才就能够自觉地选择自己喜欢的领域,也是通的领域,不再只是为了稻粱谋而去专攻一个学科。

第三,推动"两创"继续深化,为民族复兴立根铸魂。我们有"第二个结合"了,但是"两创"还是要继续深化,因为"两创"只是开了一个头,之后还有大量工作需要去做。

第四,推动文明交流互鉴,向世界贡献更多关乎文明赓续的倡议,增强中华文明的传播力和影响力,推动构建人类命运共同体。在笔者看来,其中有几层含义。国家之间无论是交流还是博弈,不单单只是硬实力,还需要文化软实力,其实这是一个最基本的问题。所以,我们需要不断通过深入了解我们的文明自身,能够定义自身,这样主动权就在我,而不是由其他人来定义我。

第五,让更多文物和文化遗产活起来,营造传承中华文明的浓厚社会氛围。通过我们活化的各种教育和活动载体,创造好的氛围,让我们能够在青少年的价值观、世界观和知识积累层面比较好接触的这个阶段,把他们的文化平均线拉高,一旦他们有了最基本的判断力,就不会被一些所谓的"国学名师"误导,那么很多工作就会水到渠成了。

现在我们做很多工作很难,因为大家共识度还比较低,平均线不高,所以说党中央所指出的社会文明程度是一个综合概念,不是光讲道德理念、社会风尚、公序良俗,还包括传统文化的基本积累、科技常识的提升等,这是一个大工程,我们现在做的工作,就是为未来建成坚实高耸的中华民族现代文明大厦垒上每一个中国人所应贡献的一块砖石。正所谓"九层之台,起于累土",同为教育界的一分子,让我们共勉!

第二编

万古长河,亘古亘今

——深刻把握中华文明的突出特性

中华文明是开辟和发展
中国特色社会主义的深厚基础

　　中华民族在新的起点上坚持中国道路、弘扬中国精神、凝聚中国力量,皆需深入理解中华文明。党的十八大以来,以习近平同志为核心的党中央对中华文明的起源、形成、发展、特质、形态与创新等一系列重大问题念兹在兹,始终关注。继在 2019 年亚洲文明对话大会开幕式上从四个方面总结中华文明的基本特质,在 2022 年十九届中央政治局进行第三十九次集体学习时从四个维度概括中华文明的当代价值,2023 年 6 月 2 日,习近平总书记在文化传承发展座谈会上又从五个层面提炼了中华文明的突出特性,并强调:"在五千多年中华文明深厚基础上开辟和发展中国特色社会主义,把马克思主义基本原理同中国具体实际、同中华优秀传统文化相结合是必由之路。"这是对中华文明整体理念的最新总结,彰显出百年大党高度的文明意识与文化自觉,体现了中华民族主动认知自身、解释自身并定义自身的能力。这同时充分说明,中国共产党对新时代中国特色社会主义文化理论创新与建构已逐渐达到新的层次和境界。

　　5000 多年中华文明滋养了百年大党成长,厚植了中国特色社会主义道路。其所蕴含的诸多宝贵重要元素,如同文化基因,既各具特色，又内在聚合成理念体系，保证中华文明绵延 5000 多年不曾断裂、屡经冲击嬗变不脱底色、固本培元又与时俱进、开放包容且崇尚和平。

具体而言，连续性是中华文明的基本趋向。所谓文明，是指某一特定的人类集群，或指该人群所特有的生活方式与样态。日积月累，其规模渐大，人口渐多，精神成果渐丰，渐呈蔚为大观之势，于是长时段存在的总体力量与文化—科技因素渐趋完备，文明便可持续绵延发展。申言之，文明也近似一种生命体，其衡量尺度往往以千年计。较之世界其他古代文明之兴衰起灭，中华文明始终一脉相承，除却客观的地理格局、气候条件外，就内在而言，作为生命体，中华民族的人类遗传基因与国家文化基因两方面一直延续不断、完整保留。于此漫长演进过程中，形成了中国人的独特精神世界，百姓日用而不觉的价值观。因此，连续性亦内生为中华民族习以为常的历史意识，无此"就不可能理解古代中国，也不可能理解现代中国，更不可能理解未来中国"。

创新性是中华文明的内生动力。考察文明之延续，切忌只观其不变，而忽略其变。往往动态的变迁正是文明的活力所在。中华文明正是凭借其自强不息的进取精神、革故鼎新的强大气魄，才能不断突破"山重水复"，屡屡迎来"柳暗花明"，从而具有了无与伦比的创造能力与创新意识。文明大树由之可久可大、根深叶茂。因此，不惧新挑战、勇于接受新事物已内化为中华民族的无畏品格，"从根本上决定了中华民族守正不守旧、尊古不复古"。

统一性是中华文明的核心信念。文明的发展，必然需要一定的人口数量、经济体量及疆域面积。中华民族为了获取更大更好的生存空间，时刻要与大自然进行不懈交锋，势必进行必要的社会力量和政治组织的整合,久而久之养成了一种集体主义精神,每位成员具备了极其强烈的共同体意识。一部中国史,就是一部各民族交融汇聚成多元一体中华民族的历史,就是各民族共同缔造、发展、巩固统一的伟大祖国的历史。各民族之所以团结融合,多元之所以聚为一体,源自各民族文化上的兼收并蓄、经济上的相互依存、情感上的相互亲近,源自"国土不可分、国家不可乱、民族不可散、文明不可断的共同信念"。

包容性是中华文明的恢宏格局。文明如水,润物无声,流动不居,海纳百川,于兼收并蓄中历久弥新。中华文明是一种乐于且善于同其他文明不断交流互鉴的开放体系,形塑了极为恢宏的文明格局。从历史上的佛教东传、"伊儒会通",到近代以后的"西学东渐"、新文化运动、马克思主义和社会主义思想传入中国,再到改革开放以来全方位对外开放,中华文明无时无刻不在取长补短、择善而从,去粗取精、去伪存真,丰富了自身,也馈赠与他者,"从根本上决定了中华民族交往交流交融的历史取向,决定了中国各宗教信仰多元并存的和谐格局,决定了中华文化对世界文明兼收并蓄的开放胸怀"。

和平性是中华民族的本质属性。作为一种生命体,不同文明间倘若发生隔阂、制造冲突、自认优越,终致两败俱伤、惨淡收场。中华文明自古不具有排他性,而是凭借其崇尚和平的本质属性在包容并蓄中不断衍生发展。通过古丝绸之路的交流,古希腊文明、古罗马文明、地中海文明以及佛教、伊斯兰教、基督教都相继进入中国,与中华文明融合共生,实现本土化,从来没有产生过文明冲突和宗教战争。这也是为什么中国共产党能够在新时代提出"人类命运共同体""文明交流互鉴""全人类共同价值""全球文明倡议"等系列理念主张的根源所在。

要之，绵延不绝源于创新不已，达至中和且包容万象，故孕育出胸怀天下、立人达人之和平气象。中华文明的五方面突出特性相辅相成，实为一体，为开辟和发展中国特色社会主义奠定了深厚基础。"第二个结合"即深刻把握中华文明发展规律而形成的理论结晶。放眼未来，我们将更加全面深入了解中华文明，继续推进马克思主义基本原理同中华优秀传统文化相结合，务必将探寻高度契合性作为聚焦点，将造就一个有机统一的新的文化生命体作为创生点，将筑牢中国特色社会主义的道路根基作为立足点，将经由又一次的思想解放而探索面向未来的理论和制度创新作为着力点，将巩固文化主体性作为关键点。

习近平总书记指出："继续把中华民族伟大复兴的事情办好，把弘扬中华文明的事情办好，把中国特色社会主义的事情办好，最根本的是要把中国共产党的事情办好。"站在新的起点上，我们必须深刻把握中华文明的突出特性，将"第二个结合"这篇大文章做好，不断培育和创造新时代中国特色社会主义文化，进而建设出光耀世界的中华民族现代文明。

深入理解中华文明的突出特性

　　一个国家的发展，一个民族的延续，离不开对既有历史的追溯，对自身文明的汲取。中华文明经历了5000多年的历史变迁，但始终一脉相承，积淀着中华民族最深层的精神追求，代表着中华民族独特的精神标识，为中华民族生生不息、发展壮大提供了丰厚滋养。是故在新的起点上，中华民族坚持中国道路、弘扬中国精神、创造中国智慧、凝聚中国力量，皆需深入理解中华文明。

　　党的十八大以来，以习近平同志为核心的党中央对中华文明研究给予了极高的重视。2023年6月2日，在文化传承发展座谈会上，习近平总书记从五个层面提炼了中华文明的突出特性，即连续性、创新性、统一性、包容性与和平性，并强调："在五千多年中华文明深厚基础上开辟和发展中国特色社会主义，把马克思主义基本原理同中国具体实际、同中华优秀传统文化相结合是必由之路。"这是对中华文明整体理念的最新总结，彰显出百年大党高度的文明意识与文化自觉。

　　5000多年的中华文明滋养了百年大党成长，厚植了中国特色社会主义道路。其所蕴含的诸多宝贵重要元素，如同文化基因一般，既各具特色，又内在聚合成理念体系，保证文明绵延5000多年不曾断裂、屡经冲击嬗变不脱底色、固本培元又与时俱进、开放包容且崇尚和平。这意味着,我们若想深入理解中华文明的突出特性,首先要清楚它们彼此间不是平面区隔的关系,而是立体有机的特质网络,需要从整体上加以把握,从而认清其生成机理与内在逻辑。

具体而言,连续性是中华文明的基本趋向。所谓文明,自须日积月累,其规模渐大,人口渐多,精神成果渐丰,渐呈蔚为大观之势,于是长时段存在的总体力量与文化—科技因素渐趋完备,文明便可持续绵延发展。申言之,不妨做个比喻,文明也近似一种生命体,其衡量尺度往往以千年计。据目前学界成果研判,综观世界六大原生形态文明(中华文明、两河流域文明、古埃及文明、古印度文明、中美洲玛雅文明、南美洲印加文明)之兴衰起灭,唯独中华文明始终一脉相承,除却客观的地理格局、气候条件外,就内在因素而言,作为生命体,中华民族的人类遗传基因与国家文化基因两方面一直延续不断、完整保留。于此漫长演进过程中,形成了中国人的独特精神世界,百姓日用而不觉的价值观。因此,延续性亦内生为中华民族习以为常的历史意识。此意识形成甚早,中华民族自古以来便习惯以历史的方式与载体进行言说,传承记忆,实现认同,"女娲补天""精卫填海""大禹治水",诸如此类神话传说的代代传颂,无不是民族自我历史建构的努力。历代前贤都善于在持久中触摸历史变化的脉搏,在变化中紧盯其持久的痕迹。西汉史家司马迁撰写巨著《史记》,便把"究天人之际,通古今之变"悬结为心中至高之目标。自此历代王朝但凡定鼎中原,都不忘编修前朝之史,两千多年来前后接力,终形成蔚为大观的二十四史。同时中华民族又深切理解"鉴古知今"之要义所在,如北宋名臣司马光发奋沉潜十九载,"专取关国家盛衰,系生民休戚,善可为法,恶可为戒者"编纂成皇皇巨制《资治通鉴》,旨在"鉴于往事,有资于治道"。由此可知,中华民族通过进行仁义忠信的价值伦理与经世致用的政治伦理双重持续书写,赋予了本来单纯时间维度的中国历史无尽的政治和人文意义。赋予意义,既是记录历史,又是解释历史,更是在创造历史,中华文明的连续性得以亘古亘今,亦新亦旧。是故中华文明5000多年不绝向前,中国人一贯重视历史、借鉴历史,且敬畏历史。深沉的历史意识孕育了敏锐的历史自觉,从而在当代展现出强烈的历史自信,恰如习近平总书记所指出的:"当代中国是历史中国的延续和发展",将自身置于文明的宏大视野之中,"如果不从源远流长的历史连续性来认识中国,就不可能理解古代中国,也不可能理解现代中国,更不可能理解未来中国"。

创新性是中华文明的内生动力。考察文明之延续,切忌只观其不变,而忽略其变,往往动态的变迁正是文明的活力所在,况且看似波澜不惊的常态之中也蕴含着风起于青蘋之末的剧变、质变乃至裂变。遍考古今中外,任何国度的历史都不可能是笔直向前,所有地域的文明也绝非一帆风顺。中华文明正是凭借其自强不息的进取精神、革故鼎新的强大气魄,才能不断突破"山重水复",屡屡迎来"柳暗花明",从而具有了无与伦比的创造能力与创新意识。我们的文明更新,既有返本开新式的后来居上,如孔子所言的"殷因于夏礼,所损益,可知也;周因于殷礼,所损益,可知也;其或继周者,虽百世可知也";也有除旧布新式的雷霆万钧,如商鞅所主张的"治世不一道,便国不法古","当时而立法,因事而制礼";更有与时偕新式的伟大创举,中国共产党创立以来,坚持把马克思主义基本原理同中国具体实际相结合、同中华优秀传统文化相结合,用马克思主义观察时代、把握时代、引领时代,"这是我们在探索中国特色社会主义道路中得出的规律性的认识,是我们取得成功的最大法宝"。中华文明大树由之可久可大、根深叶茂。因此,不惧新挑战、勇于接受新事物已内化为中华民族的无畏品格,"从根本上决定了中华民族守正不守旧、尊古不复古"。

统一性是中华文明的核心信念。文明的发展,必然需要一定的人口数量、经济体量及疆域面积。中华民族为了获取更大更好的生存空间,时刻要与大自然进行不懈交锋,他们所要付出的,不单单是日复一日的体力,还有代代相传的智慧、日积月累的精神。唯有施展与发挥个体主观能动性到极致,兼顾调节好个人之间,个人与群体,群体与群体,个人与群体、国家间的多层关系,个人、民族、国家、文明才有可能实现良善境遇,这势必逼迫中华民族进行必要的社会力量和政治组织的整合,久而久之养成了一种集体主义精神,每位成员具备了极其强烈的共同体意识。换言之,在绝大多数情况下,群体越大,社会政治整合程度越高,国家越发达,个人与组织的生存空间和发展空间就会越大,因而中国成为人类历史上最早实现政权统一的国家,这恐怕也是与西亚、两河、地中海、美洲文明极大不同之一。一部中国史,就是一部各民族交融汇聚成多元一体中华民族的历史,就是各民族共同缔造、发展、巩固统一的伟大祖国的历史。各民族之所以团结融合,多元之所以聚为一体,源自各民族文化上的兼收并蓄,各民族优秀传统文化都是中华文化的组成部分,中华文化是主干,各民族文化是枝叶,根深干壮才能枝繁叶茂;源自经济上的相互依存,各民族依托各具特色的生产生活方式,彼此深度交流,共同开发了祖国的锦绣河山、广袤疆域,秦汉雄风、盛唐气象、康乾盛世,是各民族共同铸就的辉煌;源自情感上的相互亲近,在历代共同维护国家安全与社会稳定,有效抵御各种极端、分裂思想渗透颠覆的基础上,各民族牢固树立了休戚与共、荣辱与共、生死与共、命运与共的共同体理念;更源自中华民族追求团结统一的内生动力,"从根本上决定了中华民族各民族文化融为一体、即使遭遇重大挫折也牢固凝聚,决定了国土不可分、国家不可乱、民族不可散、文明不可断的共同信念,决定了国家统一永远是中国核心利益的核心,决定了一个坚强统一的国家是各族人民的命运所系"。

包容性是中华文明的恢宏格局。文明如水,润物无声,流动不居,海纳百川,于兼收并蓄中历久弥新。中华文明是一种乐于且善于同其他文明不断交流互鉴的开放体系,形塑了极为恢宏的文明格局。从历史上的佛教东传、"伊儒会通",到近代以后的"西学东渐"、新文化运动、马克思主义和社会主义思想传入中国,再到改革开放以来全方位对外开放,中华文明无时无刻不在取长补短、择善而从,去粗取精、去伪存真,丰富了自身,也馈赠与他者。此种包容,对内是足以涵纳诸多地域及民族之文化、习俗、思想,例如著名考古学家严文明先生将中华文明多元一体的发展阐释为以中原为核心的"重瓣花朵"模式,中原是花心,围绕花心是甘青、辽河、山东、长江流域等第二层花瓣,再向外是第三层,这样由点成线,终聚为一体的文明成长态势,就决定了中华文明是在数千载的融汇因革中臻于成熟的。此种包容,对外是充分吸收异质文明之精品、精华、精髓,例如三星堆遗址具有东、西方文明的许多共同特质,已发现的诸如金杖、青铜雕像、海贝等文物,我们可以大致判断早在那时,古蜀国先人已与印度、中亚乃至两河流域的文明有所接触,无怪乎李学勤先生曾断言:"三星堆发现的重大价值还没有得到充分的估计。实际上,这一发现在世界学术史上的地位,完全可以与特洛伊或者尼尼微相比","它的价值和作用应当站在世界史的高度上来认识"。由此可知,此恢宏格局"从根本上决定了中华民族交往交流交融的历史取向,决定了中国各宗教信仰多元并存的和谐格局,决定了中华文化对世界文明兼收并蓄的开放胸怀"。

和平性是中华民族的本质属性。作为一种生命体,不同文明间倘若发生隔阂、制造冲突、自认优越,终致两败俱伤、惨淡收场。中华文明自古不具有排他性,《尚书·尧典》曾倡"协和万邦",《礼记·礼运》有云"天下大同",正是凭借其崇尚和平的本质属性在包容并蓄中不断衍生发展。通过古丝绸之路的交流,古希腊文明、古罗马文明、地中海文明以及佛教、伊斯兰教、基督教都相继进入中国,与中华文明融合共生,实现本土化,从来没有产生过文明冲突和宗教战争。职是之故,"从根本上决定了中国始终是世界和平的建设者、全球发展的贡献者、国际秩序的维护者,决定了中国不断追求文明交流互鉴而不搞文化霸权,决定了中国不会把自己的价值观念与政治体制强加于人,决定了中国坚持合作、不搞对抗,决不搞'党同伐异'的小圈子"。这也是为什么中国共产党能够在新时代提出"人类命运共同体""文明交流互鉴""全人类共同价值""全球发展倡议""全球安全倡议""全球文明倡议"等系列理念主张的根源所在。

一个民族的文明进步,一个国家的发展壮大,需要一代又一代人接力努力,需要很多力量来推动,站在新的起点上,我们必须深刻把握中华文明的突出特性,持续推进对于中华文明发展规律的研究。

整体把握中华文明的突出特性

习近平总书记在文化传承发展座谈会上指出,中华优秀传统文化有很多重要元素,共同塑造出中华文明的突出特性,并深入阐释了中华文明具有突出的连续性、突出的创新性、突出的统一性、突出的包容性、突出的和平性。这一重要论述,对于我们坚定文化自信,共同努力创造属于我们这个时代的新文化,建设中华民族现代文明,具有重大指导意义。

在 5000 多年中华文明深厚基础上开辟和发展中国特色社会主义

中华文明 5000 多年一脉相承,绵延不断,经久不衰,不曾中断。在中华文明长期演进的过程中,中国人形成了独特的看待世界、看待社会、看待人生的方式,形成了独特价值体系、文化内涵和精神品质,使我们区别于其他国家和民族,也铸就了中华民族博采众长的文化自信。

中国特色社会主义道路是从中华民族 5000 多年悠久文明的传承中走出来的。立足实现中华民族伟大复兴新的历史起点,我们更加需要在与自身文明的持续对话与深入互动中,保持民族独具的特质,增进深沉的文化自信,从而通过文明更新来为中国道路夯实根基、拓展空间。这项重任成为中国共产党在新时代的重要文化使命。

习近平总书记在文化传承发展座谈会上强调,"中华优秀传统文化有很多重要元素,共同塑造出中华文明的突出特性",中国共产党是"在五千多年中华文明深厚基础上开辟和发展中国特色社会主义",面向未来"只有全面深入了解中华文明的历史,才能更有效地推动中华优秀传统文化创造性转化、创新性发展,更有力地推进中国特色社会主义文化建设,建设中华民族现代文明"。这些重要论断说明:我们只有具备极为强大的解释自身的自觉与能力,才能彻底摆脱西方现代化理论的诸多迷思,以真正的强烈的文化主体性,理解中国的过去、现在、未来。

把握与推进中国特色社会主义道路,须将其更为深入地置于5000多年中华文明演进脉络与深厚滋养之中。中华民族要形成更为高度的文明自觉与文化自信。进而言之,如果将中华文明喻作一个生命体,中华文明的突出特性就如同蕴藏在生命体中的基因一般,既各具特色,又内在聚合成理念体系:绵延不绝源于创新不已,达至中和且包容万象,故孕育出胸怀天下、立人达人之和平气象。

整体把握中华文明的突出特性

若想深入理解中华文明的突出特性,首先,必须清楚它们彼此间不是平面区隔的机械并列,而是立体有机的特性网络,需要从整体上加以把握,从而认清其生成机理与内在逻辑。其次,必须在文明自我生成与发展的脉络中,把握突出特性网络内在的运行机理,它们并非先后逐一发生效用,实际上早已于数千载进程中彼此互化,同时发力。再次,习近平总书记在阐释突出特性时反复强调"从根本上决定",这意味着深刻把握中华文明发展规律、理解"第二个结合",突出特性是尤为重要的切入点。

"源远流长的历史连续性"是我们认识中国的时间依据;"国土不可分、国家不可乱、民族不可散、文明不可断的共同信念",突出的统一性是我们辨识文明的空间坐标。"突出的连续性"不仅确证了5000多年一以贯之的中国历史,更为重要的是形塑了中华民族自强不息、追求延续的历史精神。在漫长的亘古至今的变迁中,中华民族形成了深邃的历史精神。一个国家和民族,其演进轨迹乃至文明根性唯有在绵延不绝的时间线索与空间累积中,才能逐渐成为历史,且滋养当下和未来。习近平总书记指出:"重视历史、研究历史、借鉴历史是中华民族5000多年文明史的一个优良传统。"中华民族在某种意义上是一个"历史的民族",特别重视对自身历史的传承与借鉴,具有浓厚深沉的历史精神。除却具体的人、事与制度外,"连续性"要求我们注重把握历史线索背后独特的民族精神和文化精神。这是中国历史传统中的内核层次。新时代坚持和发展中国特色社会主义,更加需要传承与弘扬中国历史精神,更加需要深刻把握人类发展历史规律,在对历史的深入思考中汲取智慧、走向未来,否则"就不可能理解古代中国,也不可能理解现代中国,更不可能理解未来中国"。

"统一性"与"连续性"内在同构。毫无疑问,只有在足够长久的时间周期内、在足够广袤的空间疆域中,众多民族才得以充分交往交流交融。尤其在国家蒙辱、人民蒙难、文明蒙尘的近代中国,各族人民共御外侮、同赴国难,抛头颅、洒热血,共同书写了中华民族艰苦卓绝、气壮山河的伟大史诗,在百年抗争中,各族人民血流到了一起、心聚在了一起,共同体意识空前增强,中华民族实现了从自在到自觉的伟大转变,熔铸了休戚与共、荣辱与共、生死与共、命运与共的共同体理念。如此,才能理解"从根本上决定了中华民族各民族文化融为一体、即使遭遇重大挫折也牢固凝聚,决定了国土不可分、国家不可乱、民族不可散、文明不可断的共同信念,决定了国家统一永远是中国核心利益的核心,决定了一个坚强统一的国家是各族人民的命运所系"的深意所在。

"守正不守旧、尊古不复古的进取精神",突出的创新性是推进文明更新的动力,"兼收并蓄的开放胸怀",突出的包容性是拓展文明内蕴的路径。考察文明,当善于明变。作为生命体,文明虽有其固定规模,但本身依然是变动不居、奔流不息的。今日不同于往昔,明日亦不复与今日同,能清晰辨别不同阶段之前后差异,就是明变。而变化、变动、变迁的关键,在于作为文明主体的人类之创造、创新、创举。

中华文明向来推崇革故鼎新,改易更化,大致生成了两种创新方向:一是既有文化时刻伴随自身所在时代潮流的演变,而充分发掘各民族各区域文化资源,从而推陈出新,积薪居上,从先秦诸子到两汉经学可作如是观。二是通过不断吸收外来异质文化精华而补充自身相对不足的部分,实现老树新芽,结出硕果,古印度佛学历经近千年而化入宋明理学,终成中华文明不可或缺的一部分,则是典型。一种模式可概括为"扬弃",一种路径可总结为"融通",无论前者还是后者,都需要中华文明既要有不惧新挑战、勇于接受新事物的无畏品格,又要有对世界文明兼收并蓄的开放胸怀,不忘本来而汲古开新,吸收外来而熔于一炉。最为典型的,莫过于"两个结合"。中国共产党坚持把马克思主义基本原理同中国具体实际相结合、同中华优秀传统文化相结合,用马克思主义观察时代、把握时代、引领时代,不断回答中国之问、世界之问、人民之问、时代之问,作出符合中国实际和时代要求的正确回答,得出符合客观规律的科学认识,形成与时俱进的理论成果;同时,把马克思主义思想精髓同中华优秀传统文化精华贯通起来、同人民群众日用而不觉的共同价值观念融通起来,不断赋予科学理论鲜明的中国特色,不断夯实马克思主义中国化时代化的历史基础和群众基础。正如习近平总书记所言,"这是我们在探索中国特色社会主义道路中得出的规律性的认识,是我们取得成功的最大法宝"。某种程度上讲,"创新性"与"包容性"犹如一枚硬币之两面,合则双美,离则两伤。

"世界和平的建设者、全球发展的贡献者、国际秩序的维护者",突出的和平性是中华文明本质属性的当代表达。正因为中华文明起源于独特的地理格局、自然条件,中华民族必须善于处理个人、民族、国家、文明之间的关系,久而久之养成了一种集体主义精神。对内,我们秉承"以和为贵"的理念。同时,中华文明还生发出"天下大同"的主张,强调对外协和万邦、以文化人,绝非征讨攻伐、使用霸权。毫无疑问,这种至明至深的"和平性"底色,也受惠于连续性、创新性、统一性和包容性的涵育,唯有发生化合反应才能形成如此特性。

江河万古流:中华文明突出的连续性

　　文明如江河,从一线清溪渐成澎湃巨浪,时而静水流深、波澜不惊,时而奔腾浩荡、沛然莫御,终汇聚为承载世代人类智慧的生命之流。2023 年 6 月 2 日,在文化传承发展座谈会上,习近平总书记提炼出中华文明的五大突出特性,其中"连续性"居于首位,"从根本上决定了中华民族必然走自己的路。如果不从源远流长的历史连续性来认识中国,就不可能理解古代中国,也不可能理解现代中国,更不可能理解未来中国"。由上可知,突出的连续性是中华文明最为鲜明且最为基础的特质。进而言之,历史的连续性并非仅指线性维度上的连绵不绝,实际上其具有极为广泛而深刻的含义,且与其他四大突出特性相辅相成,融为一体。

　　独特的地理气候是中华文明突出连续性的自然基础。"文明"大致可概括为某一特定的人类集群,或者指该人群所特有的生活方式。任何一种文明的诞生与发展,及其自身特质的形成,都必须依托一定的地理空间和气候条件。就目前研究的共识,中华文明起源的关键区域,是中原地区。远古时代,中原地貌多为稀疏草原,与南美洲或东南亚的茂密热带雨林全然不同,亦迥异于受北大西洋暖流眷顾的西欧,更不是中南非洲遍地沙砾的状况。正基于此,中原地理格局大致除了覆盖野草、低矮灌木、乔木外，别无太多大型植被，只须采用较为简易的石器、骨器或木制工具，便能进行地表清除，进而有助于人类对野生植物的驯化与种植。原始农业便远在距今一万年前诞生于此。与此同时，中原地区的气候条件也颇为独特。这一片幅员辽阔的平坦区域，降水量在远古年均降水量有600—900毫米，符合英国学者汤因比的文明史研究观点，这是一种总体上挑战性适度的自然环境。举目整个欧亚大陆，中华文明也颇占优势。一方面，西北的戈壁与山脉将其他族群隔绝在外，东面的滔滔大海在当时是任何外族不可跨越的天堑，于是中原不会面临类似古埃及、希腊、两河流域那样的频繁战争；另一方面，不光是黄河流域，中国境内的长江、淮河、海河、珠江等流域间并不明显阻隔，只要技术条件允许，可以实现内部互通，可知中华文明的发展体现出始终既葆有各地区自身特色，且又能在小异之上颇见大同之复杂情形。这种地理条件不仅对于出现先进生产力极为有利，同时对于华夏大地社会、政治与文化的整合也十分有利，使得华夏以中原为枢纽，早早就实现了政治统一，促使国家与社会治理早早达到了较高水准。中华文明于此广阔的摇篮中可久可大。

　　稳定的空间规模是中华文明突出连续性的生长保障。正基于文明的早熟与政治统一的实现，从五帝时代单一制的邦国到夏商周三代多元一体复合制的王朝国家，再到秦汉至明清以郡县制为机制的"中央—郡县"一元化统一的多民族国家，中国于距今数千年前就底定了疆域的基本规模，这就为中华文明的稳中有变、改易更新提供了至为关键的空间保障。同时，纵观5000多年中国史，较为明确的疆域规模也孕育了非常鲜明的治国理念"大一统"思想。《楚辞·天问》有云："焉有虬龙，负熊以游"，炎帝族的图腾龙背负黄帝族的图腾熊出行，说明两族已高度融合，成为中华民族大一统之重要象征。进入商周时代，礼乐文明逐渐发达，这为大一统思想的孕育奠定了必要的文化基础，《诗经》里面所宣扬的"溥天之下，莫非王土；率土之滨，莫非王臣"即最生动的体现。降至春秋战国，周王室衰落，礼坏乐崩，诸侯林立，天下苦乱久矣，反而催生了大一统思想的发展。《公羊传》曰"何言乎王正月？大一统也"，这是"大一统"三字的最早出处。最终，由崇尚法治的秦国完成了统一大业，秦始皇废分封、设郡县，书同文、车同轨，为2000多年的中央集权确立了新的政治制度基础——官僚制与郡县制。自西汉武帝将"大一统"纳入其构建王朝治理的实践后，对我国统一多民族国家的形成产生了非常重要的影响，可以说历朝历代无一不将之贯通于治道的因革损益与治术的进退消长之中。在如此长时段的历史变迁中，在中原民族与边疆民族经过反复的双向碰撞和互动中，大一统思想不断被赋予了新内涵。文明江河川流不息，大一统贯穿始终，延续不辍，代有递嬗。虽然具体的政治制度不断更迭，但其背后蕴含的制度精神内核之一的大一统思想却不曾泯灭，这也成为我们维系和理解历史连续性的古代中国制度遗产依据。要之，大一统传统早已跃出政治实体视域，升华为一种价值观念、意识形态和中华民族共有的历史记忆，熔铸于中国人的心理和行动中，内化为中华民族内心强大的文化信仰和政治使命。正如杨向奎先生所讲，"它是一种理想，一种自民族、国家实体升华了的境界"。正如一些学者所指出的，中国国家转型的连续性，是由中国的不断变化的地缘格局和自身的各种财政、军事和政治资源的相互作用所构成的原动力，恰说明中国自身的疆域规模与发展体量极大，历史惯性极强，不是所谓西方理论模式所能解释得通的。

　　厚重的文化积累是中华文明突出连续性的内在支撑。一个文明得以从不断裂，历久弥新，其中决定连续性的深层次原因必与既有的文化密切相关。换言之，就作为同一个国家而言，这种"不断裂"状态的维持，一是其国民的人类遗传基因延续不辍，二是其国家文化基因世代传承。那么中国文化基因，指的是保证中华文明绵延5000多年不曾断裂、屡经冲击嬗变不脱底色、固本培元且又与时俱进、开放包容乐与他者交流的基本文化因素。正如习近平总书记在纪念孔子诞辰2565周年国际学术研讨会暨国际儒学联合会第五届会员大会开幕会上所指出的，中国"思想文化体现着中华民族世世代代在生产生活中形成和传承的世界观、人生观、价值观、审美观等，其中最核心的内容已经成为中华民族最基本的文化基因"。核心文化基因的形塑凝聚，凭借的是漫长文明演进中思想文化积累。从先秦子学、两汉经学、魏晋玄学，到隋唐佛学、儒释道合流、宋明理学，中华文明经历了数个学术思想繁荣时期。在漫漫历史长河中，中华民族产生了儒、释、道、墨、名、法、阴阳、农、杂、兵等各家学说，涌现了老子、孔子、庄子、孟子、荀子、韩非子、董仲舒、王充、何晏、王弼、韩愈、周敦颐、程颢、程颐、朱熹、陆九渊、王守仁、李贽、黄宗羲、顾炎武、王夫之、康有为、梁启超、孙中山、鲁迅等一大批思想大家，留下了浩如烟海的文化遗产。中国古代大量鸿篇巨制中包含着丰富的哲学社会科学内容、治国理政智慧。比如亲仁善邻、协和万邦是中华文明一贯的处世之道，惠民利民、安民富民是中华文明鲜明的价值导向，革故鼎新、与时俱进是中华文明永恒的精神气质，道法自然、天人合一是中华文明内在的生存理念。这既为古人认识世界、改造世界提供了重要依据，也为中华文明提供了重要内容，为人类文明作出了重大贡献。诸多本质不变而内容常新的文化基因构筑了中华民族世世代代所认同的中华优秀传统文化精华和人民群众日用而不觉的共同价值观念，中国人的信仰体系与精神世界因之绵延恒久。

深沉的历史精神是中华文明突出连续性的核心品格。著名学者许倬云先生认为："中国文化真正值得引以为荣处，乃在于有容纳之量与消化之功。"此饱经岁月检验而屡试不爽的容纳与消化，最后积淀内化为中华民族独特的历史精神。中华民族在某种意义上是一个"历史的民族"，特别重视对自身历史的传承与借鉴，具有浓厚深沉的历史意识。所谓历史意识，即人类在绵延的历史过程中，将自身的存在依赖于历史，且自身受到历史委托的一种自觉，并在这一过程中追问人类存在的意义，甚至追问历史过程中本身的意义。愈是久远厚重的历史积淀，愈能激发强烈高远的历史意识。习近平总书记曾指出："重视历史、研究历史、借鉴历史是中华民族5000多年文明史的一个优良传统。"中国历史的特质，一来持久，从未断裂；二来变化，流动不居。所以我们历代前贤讨论本国史，都善于在持久中触摸其变化的脉搏，在变化中紧盯其持久的痕迹。易言之，贵在"求其久"，重在"察其变"。因此西汉史家司马迁撰写巨著《史记》，便把"究天人之际，通古今之变"悬结为心中至高之目标。自此历代王朝但凡定鼎中原，都不忘编修前朝之史，2000多年来前后接力，终形成蔚为大观的二十四史。同时中华民族又深切理解"鉴古知今"之要义所在，如北宋名臣司马光发奋沉潜十九载，"专取关国家盛衰，系生民休戚，善可为法，恶可为戒者"编纂成皇皇巨制《资治通鉴》，旨在"鉴于往事，有资于治道"。由此可知，中华民族通过持续不懈的历史书写，赋予了本来单纯时间维度的中国历史无尽的政治和人文意义。赋予意义，既是记录历史，又是解释历史，更是在创造历史。历史意识的持续深化，即创生出历史精神。孟子曾言："夫君子所过者化,所存者神,上下与天地同流。"回顾历史,过往的一切都化入典籍、遗迹与记忆之中,有的隐而不彰,然已悄然成为今天的一部分。可以预见的是,今天正在发生的一切,还要继续化,融于未来的"历史"与"现实"里面。这个"化",始终贯穿于过去、现在与未来,其中蕴含的要义,就称为"神",也就是历史精神。我们关注历史,除却具体的人、事与制外,更要注重把握历史背后独特的民族精神和文化精神。这无疑是中华文明里面最为内核的层次。正因为坚守此历史精神,中华民族在数千年风雨前行中,可以超乎于千山万壑之外,卓立于文明厄难之上,以守常而待变,故如松柏常青,自信自强。中国共产党始终代表中国先进文化的前进方向,自创立起,就特别注重对自身历史和世界历史的研究与比较,秉持着文明思维看待整个人类发展的进程。新时代坚持和发展中国特色社会主义,更加需要传承与弘扬中国历史精神,更加需要深刻把握人类发展历史规律,在对历史的深入思考中汲取智慧、走向未来。这是把握中国之所以为中国,历史连续性为何源远流长,为何只有中国共产党可以承担实现中华民族伟大复兴重任的关键理据。

南宋文学家杨万里有一首题为《桂源铺》的千古名篇,该诗风格质朴然哲理深邃,来形容中华文明的5000多年演进历程,似再恰当不过。我们的伟大文明在起源之初,所面临的即"万山不许一溪奔"的繁难境遇,祖先们代代自强不息、携手奋斗,与无数个风险与挑战交战交锋,那景象真的是"拦得溪声日夜喧"。经历了百转千回的文明困厄,穿越过险象环生的历史三峡,我们今天终能够"到得前头山脚尽",逐渐远望到未来中华文明"堂堂溪水出前村"的宏大盛景。中华文明这条奔流的5000多载的万古江河,必然会在新的时代连续不断、涛声依旧。

中华民族守正不守旧、尊古不复古的进取精神

在文化传承发展座谈会上，就中华文明突出的创新性，习近平总书记指出，这"从根本上决定了中华民族守正不守旧、尊古不复古的进取精神"。众所周知，中华文明是一种具备原生性、独立性且自成体系的文明。在数千年的文明绵延中，中华民族逐渐形成了一套注重连续、变化、关联、系统的宇宙观念。该观点强调宇宙万物彼此依存，相互联系，这也提示我们在理解突出的创新性时，应当秉持有机整体的视野。

"守正不守旧、尊古不复古"与传统中国"变化生生"的宇宙观、"与天地参"的思想息息相关。与西方不同，中华文明形塑了"变化生生"的宇宙观，这在《周易》里面体现得最为透彻鲜明。《系辞下》有云："易穷则变，变则通，通则久。"正因为整个宇宙变动不居，上下无常，于是先贤主张"唯变所适"。既然不断的变化、持续的转化是宇宙之基调，那么意味着世间一切都处在变易不息的大流中。申言之，变易是存在的基本形式，存在就是流动和变革，那么人类不可能制定僵化刻板的所谓永恒法则，必须适时而变，与时偕行。当然，这种变化并非漫无边际、随机无序的，实自有其主峰可观、大脉可循，即

"生生"。《系辞下》中讲:"天地之大德曰生","富有之谓大业,日新之谓盛德,生生之谓易"。明确强调在大化流行的寰宇内,充满了创新创造的活力,必定会孕育新的东西。以此角度再审视《大学》中"苟日新,日日新,又日新"一句,便不难体悟到生生赋予了变易和创新至为深刻的意涵。所以,"天行健"激发了万物生生不已,作为人类必定要"自强不息"。

既然世界一切俱在迁流创化中日新月异、新陈代谢,那么作为万物之灵的人,自当效法天地,刚健有为、不断进取。此精神与中华文明是世界唯一没有创世神话的特质有关,中国人向来认为无论宇宙抑或人类,不是出自造物主,而是自生自化的。基于此,作为世界构成的一部分,"人受天地之中以生",绝不是可有可无的摆设,而是极其重要的主体,"人最为天下贵"。于是乎中华文明将人与天、地视为"三才",人能够参与天地化育、参与大化流行,进而天人可以相感、相通,天人务必达至合一,终确认了人作为文明延续更新的主体性地位。同时,这种参赞化育的创新又须掌握一定的路径、分寸、火候与程度。《中庸》有言:"中也者,天下之大本也;和也者,天下之达道也。致中和,天地位焉,万物育焉。"说明古人认识到,宇宙运动变化并非单一线性模式,万事万物实处在相互矛盾又彼此统一的复杂状态,要把握其内在规律须"执中",即一种系统性、整体性、立体性的思维方式。"执中"的同时,还要"守和"。这意味着在承认万物存在差异的前提下,在具体创新过程中,要注重各种矛盾关系当如何配合、联合以至结合,从而经过一次次先因后创、沿革损益,形成新的有机的统一体。可知,"致中和"奠定了中华文明突出创新性的方法论基础。

"守正不守旧,尊古不复古"彰显了中华民族在面对守常与处变时的中庸性格,在处理除旧与布新时的高明智慧。具体而言,中华民族突出的创新性是与连续性融为一体,须臾不分的。创新与创造,绝非全面否定历史式的推倒重来,而是意在尊重传统前提下的自我更新。立足世界历史的角度,中国毫无疑问属于一种文明实体,因此德国学者卡尔·雅斯贝尔斯将中华文明列入世界三大轴心文明之一。虽然轴心时代距今已远,但人类直到今天仍在该时代所产生的基本范畴中思考,也还依赖其产生的信仰生活。实现自身文明的复兴,便成为贯穿人类历史的普遍事件,轴心时代之后的每一次人类社会的大变革都要回顾轴心时代,从中获得灵感与启示。在中国,类似的复兴图景大致已发生过三次:第一次是秦汉时期,它是对轴心时代思想的整合重构;第二次是隋唐时期,它将中国和印度两大轴心文明的主要思想融合起来;第三次是宋明时期,它在借鉴其他文明思想(佛教)的基础上,再次确认了轴心时代的本土核心价值,重振了轴心时代的中国精神。这种回溯传统的方式,以尊重古贤、尊敬古典、尊崇古意的反复追问与反思,完成了温故知新、融旧于新乃至革故鼎新、涤旧荡新的变革。从而实现了代表中华文明智慧结晶的诸多文化基因(如天下为公、天下大同的社会理想,民为邦本、为政以德的治理思想,九州共贯、多元一体的大一统传统,修齐治平、兴亡有责的家国情怀,厚德载物、明德弘道的精神追求,富民厚生、义利兼顾的经济伦理,天人合一、万物并育的生态理念,实事求是、知行合一的哲学思想,执两用中、守中致和的思维方法,讲信修睦、亲仁善邻的交往之道等)一直延续不断、世代传承,并凝聚成理念体系,保证我们的文明绵延5000多年不曾断裂、屡经递嬗侵袭而不改本质、固本培元且又与时俱进,内生出包罗万象、胸怀天下之恢宏格局。

总体而言,中华文明所一向主张的创新性理念,其预设前提是以故为基、汲古向前的,没有传承与积淀,绝无开拓之可能;没有无数次面临灾厄时的返回式追问,绝难生发出面对前方未知的破局勇气与坚毅底气。换言之,5000多载的连续性,恰是文明得以创新创造的最大凭依,这亦是我们中华民族如此笃信返本开新等宗旨的缘由所在,更是我们对待自身文明的"辩证法"。党的二十大报告中所提炼出的"六个必须坚持"之一的"守正创新",其理论渊源就蕴含着中华文明的传统智慧。

当代中国是历史中国的延续和发展。立足新的历史起点,我们审视中华文明的突出创新性,既要鲜明拒斥株守过往、不思变迁的保守态度,又要警惕不顾传统、另起炉灶的"创新崇拜"。正所谓"极高明而道中庸",在不忘本来中主动吸收外来,坚守马克思主义之正,坚守中华优秀传统文化之正,持续通过"两个结合"探索面向未来的理论和制度创新,实现建设中华民族现代文明之远大目标,这即是中华民族所走出的虽繁难不已但终向阳而生的文明之路。

第三编

旧邦新命,辉光日新

——全面理解"第二个结合"

于百年历程中深刻把握
成功的"最大法宝"

  2023 年 6 月 2 日,习近平总书记在文化传承发展座谈会上指出:"在五千多年中华文明深厚基础上开辟和发展中国特色社会主义,把马克思主义基本原理同中国具体实际、同中华优秀传统文化相结合是必由之路。这是我们在探索中国特色社会主义道路中得出的规律性的认识,是我们取得成功的最大法宝。"并从五个方面深刻揭示了"第二个结合"的丰富内涵与重大价值,强调该命题"是我们党对马克思主义中国化时代化历史经验的深刻总结,是对中华文明发展规律的深刻把握,表明我们党对中国道路、理论、制度的认识达到了新高度,表明我们党的历史自信、文化自信达到了新高度,表明我们党在传承中华优秀传统文化中推进文化创新的自觉性达到了新高度"。这是自党的二十大报告后,党中央对"第二个结合"更为系统深入的提炼与升华,为今后持续推进马克思主义中国化时代化,更好地把马克思主义基本原理同中国具体实际、同中华优秀传统文化相结合,具有深度破题意义,指明了未来理论探索与具体实践的着力方向。

  守正方可出新,溯源才能浚流。结合座谈会有关"第二个结合"

的具体内容,我们更应当从"马克思主义基本原理同中华优秀传统文化相结合"的历史原点出发,悉心梳理中国共产党百余年之探索历程,深入把握该命题的理论与实践逻辑,从而在过去、现在与未来的时间轴线上锚定目标,继续推进马克思主义中国化时代化之纵深发展。

一、契合、结合与融合

马克思主义基本原理同中华优秀传统文化相结合,已走过了百余年历程,自 1921 年中国共产党创立后的初步结合,到 1943 年 5 月,中共中央在《关于共产国际执委主席团提议解散共产国际的决定》中指出:"要使得马克思列宁主义这一革命科学更进一步地和中国革命实践、中国历史、中国文化深相结合起来。"再到 2021 年 3 月 24 日,习近平总书记在福建武夷山考察时强调:"要把坚持马克思主义同弘扬中华优秀传统文化有机结合起来,坚定不移走中国特色社会主义道路。"自"初步结合"、"深相结合"至"有机结合",随着中国共产党人对马克思主义基本原理的领悟愈来愈深,对中华优秀传统文化的把握越来越准,"第二个结合"愈益彰显出理论的光芒与文化的底蕴,二者必将走向更为深刻的融合之境。

倘若说"融合"是面向未来的长远目标,"结合"是回顾百年的成功路径,那毫无疑问"契合"则意味着彼此互通的内在可能。当然,百年的结合历程已用无可争议的诸多伟大创造与天才创新,证明了马克思主义基本原理同中华优秀传统文化之间是深深相契且道理相合的。遵循《中共中央关于党的百年奋斗重大成就和历史经验的决议》中所强调的:毛泽东思想是马克思主义中国化的第一次历史性飞跃,中国特色社会主义理论体系实现了马克思主义中国化新的飞跃,习近平新时代中国特色社会主义思想实现了马克思主义中国化新的飞跃。我们可以确定,百余年来,中国共产党人既是马克思主义的忠实信奉者和实践者,也是中华优秀传统文化的忠实传承者和弘扬者。伴随着马克思主义中国化的三次飞跃,马克思主义基本原理同中华优秀传统文化相结合也实现了三次升华。

进而言之,中国共产党把马克思主义基本原理同中华优秀传统文化相结合,有一个从自发到自觉到升华的过程。党在不同时期面临的主要任务和现实问题,以及世情、国情、党情的变化,推动党对这一问题的认识也在不断深化。全面理解马克思主义基本原理同中华优秀传统文化相结合的发展历程,对于"在新的起点上继续推动文化繁荣、建设文化强国、建设中华民族现代文明",具有重大的理论意义和实践意义。

二、从"初步结合"到"深相结合"

马克思主义中国化,是"化中国"和"中国化"彼此互动、相得益彰的过程。中华优秀传统文化毫无疑问是滋养马克思主义中国化的丰厚沃土,也是形塑其独特中国形态特征的不可或缺的基本资源。

十月革命后,中国的面貌自此一新。中国共产党人找到了马克思主义这一救国救世之真理,同时也有意识地运用社会主义革命的视角,立足中国传统和国情来审视与思考问题。恰如李大钊所指出的,"因各地、各时之情形不同,务求其适合者行之,遂发生共性与特性结合的一种新制度（共性是普遍者，特性是随时随地不同者），故中国将来发生之时，必与英、德、俄……有异"。作为马克思主义中国化的倡导者、践行者与主导力量，中国共产党必须注重对中华文明其中精髓要义的提炼与发掘，并将之与马克思主义基本原理发生良好的关联。坦率而言，在创立初期，中国共产党人对于"第二个结合"的探索，至多处于自发程度，可称为"初步结合"阶段。

直到遵义会议后，毛泽东站在了推进马克思主义中国化的最前沿，并进而通过其诸多天才式的思路与路径赋予科学真理以民族形式和中华文化品质。1938 年 10 月，毛泽东在中共扩大的六届六中全会上鲜明提出："离开中国特点来谈马克思主义，只是抽象的空洞的马克思主义。因此，使马克思主义在中国具体化，使之在其每一表现中带着必须有的中国的特性，即是说，按照中国的特点去应用它，成为全党亟待了解并亟须解决的问题。"也正是在此时期，在如何对待传统文化的问题上，以毛泽东同志为主要代表的中国共产党人始终坚持既批判又继承的态度，从而实现了马克思主义基本原理同中华优秀传统文化的"深相结合"。

众所周知，毛泽东对传统文化有着深厚感情与极高造诣，他不止一次强调："今天的中国是历史的中国的一个发展；我们是马克思主义的历史主义者，我们不应当割断历史。从孔夫子到孙中山，我们应当给以总结，承继这一份珍贵的遗产。"因此毛泽东非常自觉且注重承继和汲取优秀传统文化的博大智慧，怀着炽烈的问题意识，根据不同的时代和局势需要，善于同马克思主义进行深入结合，这在《实践论》《矛盾论》《新民主主义论》《论十大关系》等一系列重要文献中体现得至为突出。

20 世纪 30 年代中叶，在反对、批判党内的主观主义错误，特别是"左"倾教条主义背景下，毛泽东撰写了《实践论》和《矛盾论》就是其思想中最具典范意义之作。毛泽东熟谙中国历代传统思想流派的学术观点，尤其涉及辩证法思想的内容，对其影响甚大。源自中国的思想文化精髓，经过他的批判、改造、提炼、加工后，创造性地融入到"两论"的叙事风格和观点论断之中。这促使"两论"在遣词造句、表达方式、用典举例等方面处处体现出中国气派、中国特色和中国风格。"两论"中充满了新鲜活泼、为中国老百姓所喜闻乐见的表述形式，大量采用中国成语和民间谚语，例如"眉头一皱计上心来""秀才不出门，全知天下事"等；大量引用妇孺皆知的中国民间故事，例如《山海经》中的"夸父逐日"、《水浒传》中的"三打祝家庄"等。"两论"从哲学内容和表现形式上皆开启了马克思主义基本原理同中华优秀传统文化相结合之先河。值得注意的是，在"两论"中，毛泽东恰到好处地借中国传统哲学的命题"知行""实事求是"来表达理论与实际的关系，从而来彰显和阐明马克思主义基本原理之精髓所在，同时亦以马克思主义新的内容赋予传统哲学范畴以新的科学意蕴，可谓浑然天成，两者形成了一种形式与灵魂的高度融合。

如果说"两论"是毛泽东运用马克思主义赋予传统文化以新的科学意蕴，那么在《新民主主义论》中，毛泽东则进一步把马克思主义基本原理同中华优秀传统文化加以结合，建构了具备中国特色的现代性话语体系，为中国特色社会主义文化理论提供了一套原创性的范本。其中关于新民主主义文化的系统阐释，实际上也为现代中国话语的创新性发展奠定了基本的发展路径。

新中国成立后，在对中国社会主义建设道路选择问题摸索中，毛泽东立足国内和国外两个大局，审时度势，回顾历史，遵循理论，直面现实，提出要"把马克思列宁主义的基本原理同我国革命和建设的具体实际结合起来……现在是社会主义革命和建设时期,我们要进行第二次结合,找出在中国进行社会主义革命和建设的正确道路"。《论十大关系》无疑是"第二次结合"中的代表作。毛泽东对马克思主义基本原理同中华优秀传统文化相结合,也有进一步论述:"我们要学的是属于普遍真理的东西,并且学习一定要与中国实际相结合。如果每句话,包括马克思的话,都要照搬,那就不得了。"并且在结合态度上,持非常开放包容又理性务实的立场:"我们的方针是,一切民族、一切国家的长处都要学,政治、经济、科学、技术、文学、艺术的一切真正好的东西都要学。"

总之,毛泽东将马克思主义基本原理同中华优秀传统文化有机结合,确立了"实事求是"思想路线,这个思想路线既继承了它所蕴含的中华优秀传统文化,更为重要的是,又得到了马克思主义的理论改造与思想升华,体现了马克思主义、毛泽东思想的精髓。

三、"深相结合"的不断深入

改革开放以后,中国共产党在社会主义建设实践中继续坚持把马克思主义基本原理同中华优秀传统文化相结合,形成了以邓小平理论、"三个代表"重要思想和科学发展观为核心的中国特色社会主义理论体系,中华优秀传统文化构成了中国特色社会主义理论体系的文明根基和创新宝藏。

邓小平以马克思主义基本原理作为解决实践问题和理论创新的依据,辩证地继承和改造了中华优秀传统文化中与马克思主义相契合的思想资源。邓小平把马克思主义基本原理同中华优秀传统文化相结合,目的就是推进当代中国各项事业的快速稳步发展。最具代表性的创造,莫过于邓小平提出的"小康"理论。众所周知,出自《诗经》的"小康"概念,其在数千年绵延演进中被赋予了丰富多元的内涵,化为中国人精神世界中的重要愿景。邓小平运用唯物史观,以历史与逻辑相统一,紧密地将"国情""世情"与传统文化相结合,从不同视角赋予这一概念多重崭新的意涵。"全面实现小康社会"目标的提出,既有着对传统小康思想的扬弃、吸纳和创造性转化,同时更是一种整体性超越和创新性发展,将这一概念上升为现代中国的重要符号与国家话语,这堪称一种极高明的睿智创造。

世纪之交,以江泽民同志为主要代表的中国共产党人深刻认识世界发展的根本趋势,着眼于始终保持和发展党的先进性,提出"三个代表"重要思想,其中要求我们党要"代表中国先进文化的发展方向"。这里的"先进文化",既包括先进的科学文化知识即知识形态的文化,更包括以马克思主义为指导的先进的意识形态即观念形态的文化,而传统文化所体现的民族精神是观念形态文化的重要内涵。毛泽东思想和邓小平理论"是中国化了的马克思主义,既体现了马克思列宁主义的基本原理,又包含了中华民族的优秀思想和中国共产党人的实践经验"。这实际上肯定了毛泽东思想和邓小平理论既是马克思主义基本原理同中国具体实际相结合的产物,也是马克思主义基本原理同中华优秀传统文化相结合的产物。

以胡锦涛同志为主要代表的中国共产党人继承将马克思主义基本原理同中华优秀传统文化相结合的优良传统,并在广度和深度上进一步发扬了这一传统。从内容上看,更多的中华优秀传统文化资源被吸收到马克思主义的理论创新中来,如从科学发展观的核心"以人为本"到科学发展观的"全面协调可持续"等基本要求,从"和谐社会"到"和谐世界"理论的提出,都体现了党的理论政策创新中强烈的传统文化色彩;从形式上看,更多理论创新采用的是广大人民群众喜闻乐见的语言表达形式,也更贴近人民群众的生活。

四、从"深相结合"到"有机结合"

宣传阐释中国特色,要讲清楚中国特色社会主义植根于中华文化沃土、反映中国人民意愿、适应中国和时代发展进步要求,有着深厚历史渊源和广泛现实基础。党的十八大以来,以习近平同志为核心的党中央对"第二个结合"念兹在兹,高度重视。理论创新方面,2021 年 7 月 1 日,习近平总书记在庆祝中国共产党成立 100 周年大会上发表重要讲话,第一次提出"坚持把马克思主义基本原理同中国具体实际相结合、同中华优秀传统文化相结合"的重要命题。同年 11 月党的十九届六中全会在总结"坚持理论创新"的历史经验时,把"两个结合"的重大论断正式写进《中共中央关于党的百年奋斗重大成就和历史经验的决议》中。"两个结合"重大论断是新时代以习近平同志为核心的党中央进行理论创造形成的深刻认识,在马克思主义基本原理"同中国具体实际相结合"的基础上,进一步提出"同中华优秀传统文化相结合",形成"两个结合"的重大论断,这是中国共产党推进马克思主义中国化实践深入发展的理论创新成果,具有鲜明的时代意义。2022 年 5 月 27 日,习近平总书记在十九届中央政治局第三十九次集体学习时再次强调,要在"两个结合"的基础上,"不断推动马克思主义中国化时代化"。在党的二十大报告中,习近平总书记更以大篇幅详论"第二个结合"的丰富含义,着重强调:"把马克思主义思想精髓同中华优秀传统文化精华贯通起来、同人民群众日用而不觉的共同价值观念融通起来,不断赋予科学理论鲜明的中国特色,不断夯实马克思主义中国化时代化的历史基础和群众基础,让马克思主义在中国牢牢扎根。"接续而上,在文化传承发展座谈会讲话中,习近平总书记更将"第二个结合"重大理论的内在逻辑与战略意义和盘托出、充分表达:"彼此契合"是前提,"互相成就"是路径,"道路根基"是基础,"创新空间"是关键,"文化主体性"是根本。五部分环环相扣、逐层深入,构成了新时代中国共产党最新的原创性理论,值得学界、理论界深入研讨。

实践创新方面,党的十八大以来,习近平总书记紧紧立足5000多年绵长深厚的文明资源,提出了诸如修好中国共产党人的"心学"、领导干部要讲政德等重要命题,融古于新,丰富与深化了党的理论教育、党性教育。同时,习近平总书记还不断将大道之行、天下为公的大同理想,六合同风、四海一家的大一统传统,德主刑辅、以德化人的德治主张,民贵君轻、政在养民的民本思想,亲仁善邻、协和万邦的外交之道等传统国家制度和国家治理思想引入到新时代治国理政的方方面面,成效显著,内化为国家治理体系中可贵的智慧资源。

回顾百年来尤其是党的十八大以来中国共产党在坚持"马克思主义基本原理同中华优秀传统文化相结合"方面的实践与探索,最大的创获即切实做到了运用马克思主义基本原理激活中华优秀传统文化的内核,且让马克思主义更具有鲜明的中国特色,"表明我们党对中国道路、理论、制度的认识达到了新高度,表明我们党的历史自信、文化自信达到了新高度,表明我们党在传承中华优秀传统文化中推进文化创新的自觉性达到了新高度"。在面向实践、面向未来、面向复兴的过程中,我们务必不断推动两者有机结合,通过造就一个"有机统一的新的文化生命体"促进"最大法宝"继续指引中国共产党走向新的成功。

"第二个结合"不是简单的"物理反应"，
而是深刻的"化学反应"

在文化传承发展座谈会上，习近平总书记用了一个非常形象贴切的比喻来揭示"马克思主义基本原理同中华优秀传统文化相结合"的实质，即"'结合'不是'拼盘'，不是简单的'物理反应'，而是深刻的'化学反应'"。

这一比喻，既简单易懂，且含义深邃。

顾名思义，所谓化学反应，通常指分子破裂成原子，原子重新排列组合生成新物质的过程。那么判断一个反应是否为化学反应的依据是反应是否生成新的物质。比如本是气体状态的氢元素和氧元素经过一番复杂的化学作用后，就形成了液态的水。这即属于典型的化学反应。

由此进而言之，既然"结合"的结果是互相成就，必然意味着结合的两大主体在极为深刻的创造与转型中取长补短、实现超越。可想而知这种意义上"结合"既不能是简单数量叠加的"物理反应"，也不是推倒重来的"虚无主义"，而是经过一次次碰撞、互动、会通而实现螺旋式上升后的血肉相连、水乳交融，乃至基因重组，这实际上属于极为复杂而深入的"化学反应"，否则不能被称为"造就了一个有机统一的新的文化生命体"。

深刻把握"互相成就"这一主题,大致需要注意两个问题。首先,要深谙"互相成就"的具体条件。回顾人类文明史,一种外来文化能够在另一个文明体内获得较快发展,甚或于短期内与既有本土文化相互融通进而跻身主流位置,必然具备如下因素。第一,该文化自身必须是一种优质文化,且具有强大的生命力、创造力与对话能力;第二,与外来文化相接触的本土文化已经渐不适应现实潮流的发展态势,亟待更新和转型,且只靠内在力量短期内无法实现自我更新;第三,该外来文化介入的方式,绝非替代或消灭本土文化,而是采取融合的模式,极大程度上完成该区域文明的新陈代谢,同时保存本土文化的优秀文化基因和宝贵元素,并与之深相贯通,实现深层次和高层次的本土化转换。易言之,本土文化的现代转型与外来文化的民族化转换是一个同时发生、相向而行的同步过程,这是一个通过深度互动而重塑主流的境界。具体到"第二个结合",近代以后,马克思主义把先进的思想理论带到中国,以真理之光激活了中华文明的内在基因,引领中国走进现代世界,推动了中华文明的生命更新和现代转型。从民本到民主,从九州共贯到中华民族共同体,从万物并育到人与自然和谐共生,从富民厚生到共同富裕,中华文明走出了"山重水复疑无路",迎来了"柳暗花明又一村",实现了从传统到现代的跨越,发展出中华文明的现代形态。

其次,要明确"互相成就"的实质过程。"第二个结合"既然是深刻的"化学反应",它必然要经历一个极为繁复多变的历程,但并非无规律可循。按照文明交融的一般情形,本土化往往即外来文化在异质文化氛围中经过长时段全局性的融通、结合以至同化后重新获得一种带有深刻本土化烙印的新形态。比如来自古印度的佛学,经过与中国本土文化长达近千年的磨合与融合后,终于化入中华文明的肌体之内。如今在中国人口中或笔下时常出现的诸如"真理""报应""孽障""轮回""虚空"等词汇,都是源自佛典,可见已达到日用而不觉的境界。马克思主义中国化时代化亦是如此,其通过层层深入的"化"的阶段,最终渐入佳境,实现了与中华优秀传统文化的有机结合。展开讲,主要包括四个层次。先是载体的中国化,即通过传媒、书籍、物质与人的传播与发展;接着是符号的中国化,即将外来的马克思主义学说经过了解中华文明的学者的翻译与解说,形成便于国人理解的版本,这实际上也属于不同文化间会通的进程;再次是阐释的中国化,即本土的学者使用中国的语言和文字对马克思主义进行符合中国思维方式、现实需求和文化习惯的解释与研究,逐渐使得其成为"中国的";最后是实践的中国化,即运用已经初步或达到某种程度的中国化的马克思主义去解决中国革命、建设、改革发展中所遭遇的实际问题。并在具体实践中越使用越结合,从而持续推进理论的体系化、学理化,形成了丰富系统科学完善的理论体系。

如此循环往复、不懈追求,中华优秀传统文化充实了马克思主义的文化生命,推动了马克思主义不断实现中国化时代化的新飞跃,显示出日益鲜明的中国风格与中国气派,中国化马克思主义成为中华文化和中国精神的时代精华。惟其如此,"第二个结合"让马克思主义成为中国的,中华优秀传统文化成为现代的,让经由"结合"而形成的新文化成为中国式现代化的文化形态。

"第二个结合"拓展了
中国特色社会主义道路的文化根基

文化关乎国本、国运。中国特色社会主义道路是在马克思主义指导下走出来的，也是从 5000 多年中华文明史中走出来的；"第二个结合"让中国特色社会主义道路有了更加宏阔深远的历史纵深，拓展了中国特色社会主义道路的文化根基。

"第二个结合"是对马克思主义
中国化时代化历史经验的深刻总结

回顾党的百年奋斗史，我们党之所以能够在革命、建设、改革各个历史时期取得重大成就，能够领导人民逢山开路、遇水搭桥，完成中国其他政治力量不可能完成的艰巨任务，根本在于掌握了马克思主义科学理论，并不断结合新的实际推进理论创新，使党掌握了强大的真理力量。中国共产党为什么能，中国特色社会主义为什么好，归根到底是马克思主义行，是中国化时代化的马克思主义行。在推进马克思主义中国化时代化的百余年历史进程中，我们党取得了毛泽东思想、邓小平理论、"三个代表"重要思想、科学发展观、习近平新时代中国特色社会主义思想等重大理论成果,始终坚持解放思想、实事求是、与时俱进、求真务实,使马克思主义在中国焕发出强大生命力。习近平总书记在庆祝中国共产党成立 100 周年大会上首次提出"把马克思主义基本原理同中国具体实际相结合、同中华优秀传统文化相结合",并在党的二十大报告中深刻阐明"两个结合"的基本内涵和实践意义。马克思主义和中华优秀传统文化来源不同,但彼此存在高度的契合性,相互契合才能有机结合。马克思主义扎根中国是历史的选择、人民的选择,也是文化选择的结果。

我们党须始终坚守理论创新的魂和根。马克思主义中国化时代化这个重大命题本身就决定,我们决不能抛弃马克思主义这个魂脉,决不能抛弃中华优秀传统文化这个根脉。坚守好这个魂和根,是理论创新的基础和前提,理论创新也是为了更好地坚守这个魂和根。魂在,主体屹立不倒;根固,大树枝繁叶茂。坚持是为了更好地发展,发展也是为了更好地坚持。理论创新必须讲新话,但不能丢了老祖宗,数典忘祖就等于割断了魂脉和根脉,最终会犯失去魂脉和根脉的颠覆性错误。

"第二个结合"是对中华文明
发展规律的深刻把握

在 5000 多年中华文明深厚基础上开辟和发展中国特色社会主义,把马克思主义基本原理同中国具体实际、同中华优秀传统文化相结合是必由之路。然而,近代以降,国人对这条必由之路的探索可谓坎坷曲折、举步维艰。自鸦片战争起,进步人士开眼看世界,从林则徐到孙中山,由科技、器械到制度、理论,我们孜孜以求,但始终不能改变被动挨打的局面。与此同时,国势衰颓自然影响国人对自身文明的认知,于是长期以来,一种"看不上"本国文化的心态在潜滋暗长。社会主义革命和建设时期,毛泽东同志有着极为深厚的传统文化修养,善用马克思主义观点化古为今、点石成金,能够出神入化运用中国历史典故阐明中国革命和建设的实际问题。改革开放之后,尤其是党的十八大以来,我们特别重视对自身文明的传承、研究、发掘与发展。不过必须承认的是,囿于主客观诸因素,当下国人对传统文化的理解尚有一定距离,时常有"看不清"的情况。倘若这种情形得不到有效扭转,数十年后,中国人有可能出现对本国文化"看不懂"的窘境乃至险境。长此以往,中国就有可能陷入文化被动局面之中,文化主体性就难以真正树立。因此,我们深化对"第二个结合"的研究,持续推动对中华文明发展规律的深刻把握,实在是重中之重、急中之急。

如果没有中华5000年文明,哪里有什么中国特色?如果不是中国特色,哪有我们今天这么成功的中国特色社会主义道路?只有立足波澜壮阔的中华5000多年文明史,才能真正理解中国道路的历史必然、文化内涵与独特优势。这就需要用我们的指导思想与本国的文化根脉进行高层次的深度结合。如何让5000多年绵延不绝、深厚博大的中华文明在新的时代与时俱进、重现荣光,如何使马克思主义在新的时代局势中愈发成为"中国的",赋予日益鲜明的中国风格与中国气派?党的十八大以来,就如何赓续传承文脉这一问题,以习近平同志为核心的党中央给出了行之有效的答案:推动中华优秀传统文化创造性转化、创新性发展。"两创"不仅适用于具体的传统文化的现代转化问题,而且适用于中华文化、中华文明的现代转化问题以及马克思主义基本原理同中华优秀传统文化相结合的重大议题,升格为一种具有普遍意义的路径。

也正是在不断走向深入的理论探索中,"两创"为"第二个结合"的提出积累了丰富的经验成果与广阔的拓展空间。

"第二个结合"是又一次思想解放

"第二个结合"的提出与运用,表明我们党对中国道路、理论、制度的认识达到了新高度,表明我们党的历史自信、文化自信达到了新高度,表明我们党在传承中华优秀传统文化中推进文化创新的自觉性达到了新高度。"第二个结合"让我们能够在更广阔的文化空间中,充分运用中华优秀传统文化的宝贵资源,探索面向未来的理论和制度创新。

从党的百余年奋斗历程来看,一部党史就是持续不断地解放思想的历史,也是马克思主义中国化持续深入的过程。五四新文化运动时期,我国一批先进知识分子和革命青年,在追求真理中传播新思想新文化,勇于打破封建思想的桎梏,猛烈冲击了几千年来的封建旧礼教、旧道德、旧思想、旧文化。五四运动改变了以往只有觉悟的革命者而缺少觉醒的人民大众的斗争状况,实现了中国人民和中华民族自鸦片战争以来第一次全面觉醒。这为马克思主义实质性地介入中国社会提供了必要的文化条件和思想氛围。延安时期,中国共产党通过整风运动,在学理和行动上清算党内的教条主义错误倾向,极大地促进了马克思主义基本原理同中国具体实际相结合,促成了这种结合更加深化和自觉,牢固地确立了毛泽东思想在全党的指导地位。尤其是问世于这一时期的《实践论》《矛盾论》等论著,深刻地揭示了把马克思主义基本原理同中国具体实际相结合的重大意义,也体现了将马克思主义基本原理同中国历史、中国文化相结合的成功尝试。20世纪70年代末,党内所开展的真理标准问题大讨论,促成了全国范围内广泛而深刻的思想解放运动,为改革开放做了重要的历史准备,从而使改革开放提上日程并付诸实践。可见马克思主义中国化的每一个重大成就,都与思想大解放密不可分。

就理论与制度创新而言,要想真正实现大的理论突破与制度构建,必须开启深层次的解放思想。基于此,我们应当从较为广泛和长远的视野来理解"又一次的思想解放"。这要求我们在推进中国特色社会主义事业发展时,要时刻以强烈的文化自觉和实事求是的态度,不断反思以往那些习以为常但已落后于时代和实践要求的观念、做法、路径,不被成见所局限束缚,不因陈规而裹足不前,以敏锐的理论意识、勇毅的开拓精神打开更广阔的文化空间。以中国为中心,用中国道理总结好中国经验,把中国经验提升为中国理论,实现精神上的独立自主,充分运用中华优秀传统文化的宝贵资源,在"第二个结合"中实现党的理论、制度等各方面的创新。

习近平文化思想在实践探寻中日益丰富,在理论创新中持续深化。在未来中国特色社会主义文化建设以至更为宏大的中华民族现代文明建设中,"第二个结合"的作用必将更加突出。

推进党的理论创新要
坚持走好群众路线

2023 年 6 月 30 日，在二十届中央政治局第六次集体学习时，习近平总书记指出，要"继续推进党的理论创新必须走好群众路线，决不能闭门造车、坐而论道、流于空想。要尊重人民首创精神，注重从人民的创造性实践中总结新鲜经验，上升为理性认识，提炼出新的理论成果，着力让党的创新理论深入亿万人民心中，成为接地气、聚民智、顺民意、得民心的理论"。这一重要论断，既是对我们党百年来理论创新宝贵传统的再强调，又指明了在新时代新征程中推进理论创新的着力方向。

理论的生命力在于创新，推动马克思主义不断发展是中国共产党人的神圣职责。我们党的历史，就是一部不断推进马克思主义中国化时代化的历史，就是一部不断推进理论创新、进行理论创造的历史。与此同时，理论必须与实践相统一，设若脱离了实践，就沦为僵死的教条，失去活力与生命力。马克思主义本身就是来源于实践的理论，来源于亿万群众创造性实践的理论。因此，马克思主义是为人民立言、为人民代言的理论，是为改变人民命运而创立、在人民求解放的实践中丰富和发展的，人民的创造性实践是理论创新的不竭源泉。在理论探索过程中,唯有尊重人民群众的主体地位和首创精神,方可作出新概括、获得新认识、形成新成果。

人民是历史的创造者,不仅是物质财富的创造者,也是精神财富的创造者。习近平新时代中国特色社会主义思想,是党的十八大以来,在新中国成立特别是改革开放以来我们党推进理论创新和实践创新的基础上,全党全国各族人民进行艰辛理论探索的成果,都是党和人民实践经验和集体智慧的结晶。2012 年 11 月 29 日,习近平总书记在参观《复兴之路》展览时讲道:"现在,大家都在讨论中国梦,我以为,实现中华民族伟大复兴,就是中华民族近代以来最伟大的梦想。""中国梦"这一重大理论命题的提出,正是源于党中央对 2006 年以来海内外无数专家学者、官员智囊、普通民众纷纷热议讨论的有关话题的关注、总结、提炼与升华。2013 年 11 月 26 日,怀揣着"要大力弘扬中国传统文化"的深沉思考与文化使命,习近平总书记来到山东曲阜考察。在与当地学者、群众的交流中,习近平总书记更加明确了"一个国家、一个民族的强盛,总是以文化兴盛为支撑的,中华民族伟大复兴需要以中华文化发展繁荣为条件"这一理论认识,并在之后文化建设中提出和发展了中华优秀传统文化创造性转化、创新性发展等一系列的理论方法和实践路径。

群众路线是我们党的生命线和根本工作路线,从群众中来,到群众中去,走好理论创新的群众路线,才能将人民群众的伟大智慧贯彻到治国理政全部活动之中。基于此,我们全党大兴调查研究之风,广大党员干部务必扑下身子、沉到一线,深入实际、深入基层、深入群众,多层次、多方位、多渠道且高度自觉地拜人民为师,向能者求教,向智者问策,从而发现问题、抓住本质、找出规律,最终作出正确决策并提炼出新鲜理论。为了取得脱贫攻坚战的全面胜利,八年间,习近平总书记50多次调研扶贫工作,走遍14个集中连片特困地区,坚持看真贫,坚持了解真扶贫、扶真贫、脱真贫的实际情况,面对面同贫困群众聊家常、算细账。在零距离调查研究和汲取群众智慧的过程中,精准扶贫的理念臻于成熟,扶贫工作机制趋于完善。

理论创新无止境,群众实践无穷尽,调查研究无终点。在新时代新征程上,我们要坚守好马克思主义这个魂脉和中华优秀传统文化这个根脉,取得更为丰硕的理论创新成果,就当充分尊重人民的智慧、人民的探索、人民的创造,以群众路线之津筏,连接理论创新之远征,激发蕴藏在人民群众中的创造伟力,赋予理论创新应有且必需的时代动力。

坚持对中华优秀传统
生态文化的传承与发展

　　2023 年 8 月 15 日,我国迎来了首个全国生态日。党的十八大以来,以习近平同志为核心的党中央高度重视社会主义生态文明建设,既开展了坚持不懈的实践探索,也进行了久久不绝的制度创新。同时,正如习近平总书记指出的:"中华民族向来尊重自然、热爱自然,绵延五千多年的中华文明孕育着丰富的生态文化",在返本开新的理论创新中孕育而成的习近平生态文明思想,蕴含着中华优秀传统生态文化的精髓,彰显了中国共产党人传承与发展自身文明的高度文化自觉与使命意识。

　　在如何看待自然方面,我们实现了由"天人合一"到"人与自然和谐共生"的思维跃迁。古往今来,如何看待周遭世界,是所有文明都必须思考的共性问题,"天人合一"毫无疑问是中华民族在长期实践中形成的关于人与自然关系的主导性思维与核心理念。《易传》有云:"夫'大人'者,与天地合其德,与日月合其明,与四时合其序,与鬼神合其吉凶。"具备一定身份地位和自身修为的君子当与天地自然相参相合,古人早在先秦时期已从德性角度阐明了人与自然的关系。其后,无论庄周的"天地与我并生,而万物与我为一",抑或惠施的"泛爱万物,天地一体",实际上皆侧重在统一性层面言说人与自然之有机关联。之后历代思想家无不接续这一诞生于轴心时代的元典式思维,西汉董仲舒提出"天地人,万物之本也",北宋张载主张"民胞物与"说,明代大儒王守仁倡言"天地万物与人原是一体",历经数千年的重温与阐释,"天人合一"如同文化基因般浸润于中国社会的深层肌理之中。

积薪而上,党的十八大以来,以习近平同志为核心的党中央在处理自然与社会诸问题时,提出了更为宏远的"人与自然和谐共生"的主张,并作为新时代坚持和发展中国特色社会主义的基本方略之一加以贯彻落实,实现了对"天人合一"思维的传承与发展。"人因自然而生,人与自然是一种共生关系"。必须承认的是,改革开放以后的某些阶段,生态文明建设仍是影响我国发展的一个明显短板,资源环境约束趋紧、生态系统退化等问题越来越突出,特别是各类环境污染、生态破坏呈高发态势,成为国土之伤、民生之痛。如果不抓紧扭转生态环境恶化趋势,必将付出极其沉重的代价。立足文明兴衰、永续发展的高度,习近平总书记强调:"大自然是人类赖以生存发展的基本条件。尊重自然、顺应自然、保护自然,是全面建设社会主义现代化国家的内在要求。"党中央在新时代的社会主义建设中始终秉持科学布局生产空间、生活空间、生态空间的理念,推动形成绿色发展方式,在丰富多样的实践基础上,"人与自然和谐共生"的主张克服了"天人合一"理念缺乏逻辑上的明晰性和指代上的确定性之不足,从而深化了习近平生态文明思想的内涵与价值。

在如何利用自然方面,我们完成了由"及九州名山川泽,所以出财用也"到"绿水青山就是金山银山"的理念升级。自然资源的经济价值,古人早有颇为朴素的认知。《礼记》中有"山林、川谷、丘陵,民所取财用也"的记载,《国语》中更指出"及九州名山川泽,所以出财用也"。将自然万物视为财富渊薮,可见古人对于自然的认知极为直接。与此同时,伴随着生产的扩大、汲取的多元,古人亦逐渐意识到一味索取自然的恶果,如《淮南子》即认为倘若"焚林而猎,烧燎大木",则"山无峻干,林无柘梓",此"下殄地财"。降至清代中后期,因为人口垦殖的急剧发展,人与自然关系趋于紧张,士大夫汪士铎不免发出"山顶已植黍稷,江中已有洲田,川中已辟老林,苗洞已开深菁,犹不足养,天地之力穷矣"的慨叹。客观而言,传统中国已深刻认识到保护自然与维护生存的重大关系,也提出了不少举措,但很难从系统思维与可持续发展的高度破解这一难题。

基于卓有成效的地方实践经验,习近平总书记提出了"必须牢固树立和践行绿水青山就是金山银山的理念,站在人与自然和谐共生的高度谋划发展"的论断,立足人与自然唯有协调统一才可永续发展的至高层面,继承传统中国向来将自然资源看作是生产力重要组成部分的理念,进而把对自然资源经济价值的认识提高到关乎经济社会可持续发展的国家战略高度,从而提出了"绿水青山就是金山银山"的重要理念。并围绕这一目标,党中央制定了具体精准的部署,如指出推动经济社会发展绿色化、低碳化是实现高质量发展的关键环节;强调加快推动产业结构、能源结构、交通运输结构等调整优化;反复强调坚持精准治污、科学治污、依法治污,持续深入打好蓝天、碧水、净土保卫战;大力实施全面节约战略,推进各类资源节约集约利用,加快构建废弃物循环利用体系;力主完善支持绿色发展的财税、金融、投资、价格政策和标准体系,发展绿色低碳产业,健全资源环境要素市场化配置体系,加快节能降碳先进技术研发和推广应用;倡导绿色消费,推动形成绿色低碳的生产方式和生活方式。从战略规划到政策部署,如此整体且周密的体系,意味着习近平生态文明思想在综合传统思想资源的基础上,对于自然资源的保护与利用的认识愈发深化,某种程度上这种理念的升级为全球层面的生态治理,提供了值得借鉴的生动样本。

在文化传承发展座谈会上,习近平总书记指出,"只有全面深入了解中华文明的历史,才能更有效地推动中华优秀传统文化创造性转化、创新性发展"。中华优秀传统生态文化是习近平生态文明思想的文化根脉与活水源头,习近平生态文明思想是中华优秀传统生态文化的当代传承和深入发展,是对古代朴素的生态理念和历史实践的综合性重塑与整体性超越,也是创造性转化、创新性发展在生态文明领域的深刻体现。放眼未来,深入提炼与总结蕴含在习近平生态文明思想中的传统文化基因,并因时因势进行实践、制度与理论创新,依然是一项任重道远的关键任务。

"第二个结合"与"小康"命题的返本开新

上感九庙焚,下悯万民疮。

斯时伏青蒲,廷争守御床。

君辱敢爱死,赫怒幸无伤。

圣哲体仁恕,宇县复小康。

此诗句出自"诗圣"杜甫之晚年名作《壮游》。南宋诗人陆游读罢此诗叹息道:

> 少陵,天下士也。……少陵非区区于仕进者,不胜爱君忧国之心,思少出所学佐天子,兴贞观、开元之治,而身愈老,命愈大谬,坎壈且死,则其悲至此,亦无足怪也。

可见杜甫身上那种浓厚的忠君忧国之情引发了陆氏内心深深的共鸣。更堪措意的是,杜甫在诗里用了"小康"一词。对遭遇了开元盛世与安史之乱这一治一乱两大历史时刻的人而言,如此"过山车"般的奇特经历,想必杜氏就"小康"的理解,要较之常人愈加深刻。其兴也勃,其亡也忽,缘何小康之境的实现,何其艰难? 又为何治世的维持,这般短暂?透过杜甫的案例,不难看出几千年来,国人对"小康"的渴盼,实在艰辛而执着。

壹

众所周知,"小康"概念出现在先秦时期。经过《礼运》篇对小康社会景象的描绘,它被赋予了强烈的政治含义,逐渐成为中国历史上影响最大,同时也最为中华儿女所耳熟能详的社会理想。溯其绵长历程,方知这幅贯穿数千年的历史图景,是如何一步步描红涂绿、蔚为大观的。

西汉一朝,"小康"概念几乎沿袭了先秦时期的说法,尚停留在对一个基于家庭为单位的私有制社会有序状态的想象。降至东汉末年,尊奉今文经学的学者何休撰写《春秋公羊解诂》,他创造性地糅合《礼记》关于"大同""小康"的描绘,并将其发展成为具有一定系统性的"三世说",由"衰乱世"至"升平世"再至"太平世",以此来论证不断进化的社会历史发展规律,由乱到治,由低级到高级,由野蛮到文明,由落后到进步。在他这里"太平世"也就相当于大同社会,"升平世"则相当于小康社会。这种阐释方式令"小康"思想趋于理论化,且具备了十分明确的阶段性特质,为之后治理者、思想家论述小康提供了极佳范本。晚清维新派领袖康有为托古改制,便是直接借鉴"春秋三世说",并融入近代以后流播甚广的社会进化论学说,将"大同""小康"概念与"三世"说进行共同演绎和改造,从而宣扬由衰乱世到升平世再到太平世的变易进化史观。康氏在其著作《礼运注》里指出,纵观两千年来中国史,曾经出现的包括文景之治、贞观之治、开元之治、康乾之治等在内的所谓盛世景观,"总总皆小康之世也"。可见康有为思想视阈中的"小康",即等同于"升平世"的状态。

贰

既是理想,便有待完成,其照进现实的途径非历朝君臣的治国实践不可。回望古史,"小康"思想如源头活水,顺流而下,所经之地,聚成大江大河,由最初的政治术语,逐渐延伸至经济、文化、社会诸领域。

首先,《礼运》篇问世后,"小康"特指政治相对清明的时代。后世学者在赞誉某一朝代或君王治国有方、政治稳定时,习惯用"周公辅政""成康之治""光武中兴""贞观之治""开元盛世"等历史现象作为比喻或参考,这正说明以上的几个时期比较符合"小康"理念所要求的情形。反之,一旦朝纲解纽,动荡不已,人们便更加渴望小康。裴松之在《三国志·吴书·赵达传》中有一段颇耐寻味的注解:"自中原酷乱,至于建安,数十年间,生民殆尽,比至小康,皆百死之余耳。"裴氏以经典之"小康"比照现实之"酷乱",可见其对生灵涂炭的三国时代之不满。无独有偶,《晋书·孙绰传》曾载,晋哀帝隆和元年(362年),大司马桓温北伐收复洛阳,自恃位高权重,遂野心膨胀,暗生篡位之意。他于是奏请东晋皇帝迁都洛阳。就在朝堂众臣鸦雀无声之际,散骑常侍孙绰仗义执言,发表不同意见。他据理力争道:"自丧乱已来,六十余年,苍生殄灭,百不遗一,河洛丘虚,函夏萧条",如今局面稍有起色,就急匆匆"舍安乐之国,适习乱之乡;出必安之地,就累卵之危",实非良策。他认为:"可更遣一将有威名资实者,先镇洛阳,于陵所筑二垒以奉卫山陵,扫平梁许,清一河南。运漕之路既通,然后尽力于开垦,广田积谷,渐为徙者之资。如此,贼见亡征,势必远窜。"其后经过一番耐心经营,待北方收复之地"山陵既固,中夏小康","陛下且端委紫极,增修德政,躬行汉文简朴之至,去小惠,节游费,审官人,练甲兵,以养士灭寇为先。十年行之,无使隳废,则贫者殖其财,怯者充其勇,人知天德,赴死如归,以此致政",再图北上迁都不迟。不难看出孙绰用来驳斥桓温迁都阴谋的"小康"景象,更多是立足于政局稳定、无兵燹之灾的层面。

其次,政通人和方可利于休养生息,才能形成"稻花香里说丰年,听取蛙声一片"的悠然景象,所以小康在形容百业民生时,更多侧重评估某朝某代的经济发展水平。比如五代时期后唐明宗李嗣源体恤民情,宋初学者王禹偁予以很高评价:"明宗出自沙陀,老于战阵,即位之岁,年已六旬,纯厚仁慈,本乎天性。……故天成、长兴间,比岁丰登,中原无事,言于五代,粗为小康。"司马光也称其"在位年谷屡丰,兵革罕用,校于五代,粗为小康"。可见这二位学者笔下的"小康",是立足于恢复民生与复苏经济的考量。

再次,《管子》有云:"衣食足而知荣辱,仓廪实而知礼节",此论断虽不可绝对化,但确也反映了政治趋于稳定、经济不断发展后,民众道德素质提升、民族文化水准增高的普遍状况。不妨以开元盛世为例。作为中国历史上公认的治世,掌权者的励精图治,不仅创造了杜甫笔下"百余年间未灾变,叔孙礼乐萧何律"的政治安定和"稻米流脂粟米白,公私仓廪俱丰实"的经济繁荣,更生动而深刻的表征便是诸如公众道德上呈现出"齐纨鲁缟车班班,男耕女桑不相失"的情形,以及文化吸引力上达到了"宫中圣人奏云门,天下朋友皆胶漆"

的地步，政治、经济与文化实现了一定程度上的融会贯通。

与之相对，一旦君臣失和、政务废弛，弥足珍贵的小康局面亦随之灰飞烟灭。"诗圣"杜甫对此由盛转衰的境况有着极其写实而深刻的记述，遭遇"安史之乱"的涂炭，战火纷飞，统治失效，"邺城反覆不足怪，关中小儿坏纪纲"；经济凋敝，物价失控，"岂闻一绢直万钱，有田种谷今流血"，百姓蒙难，道德失序，"洛阳宫殿烧焚尽，宗庙新除狐兔穴"，衰败之势由政治、经济及社会、文化，一一遍布，覆盖所有领域。无怪乎当唐末皇帝文宗询问大臣牛僧孺"天下何由太平，卿等有意于此乎"时，牛僧孺坦然答曰："四夷不至交侵，百姓不至流散；上无淫虐，下无怨讟；私室无强家，公议无壅滞，虽未及至理，亦谓小康。"不过此种景象，牛僧孺自认"臣等待罪辅弼，无能康济"。这怎能不令人喟叹历史上曾出现的"小康"之世，不惟来之不易，亦历时短暂，更十分稀见。

最后，小康之所以成为千百年来国人矢志不渝的奋斗目标，在于这一理念已潜移默化地融入每位中国人的内心世界，以各种形态遍及社会每个角落，深深地烙在我们民族的集体意识当中，成为一种厚重的文化心理积淀和强大的精神内驱力。上至帝王，唐玄宗曾自道："嗣守神器，每乾乾惕厉，勤念生灵，一物失所，无忘罪己。聿来四纪，人亦小康。"中到民间，每逢天下离乱、政权对峙之际，总有人祈盼"大定之间，郡县吏皆奉法，百姓滋殖，号为小康"。下及每个个体，也时常将"小康"挂在嘴边。南宋著名学者洪迈在其《夷坚甲志·五郎君》篇中，记述了这样一桩奇事：

> 河中市人刘庠，娶郑氏女，以色称。庠不能治生，贫悴落魄，惟日从其侣饮酒。郑饥寒寂寞，日夕咨怨，忽病肌热，昏冥不知

人,后虽少愈,但独处一室,默坐不语,遇庠辄切齿折辱。庠郁郁
不聊,委而远去。郑掩关洁身,而常常若与人私语。……久之,
庠归舍,入房见金帛钱绮盈室,问所从得,郑曰:"数月以来,每
至更深,必有一少年来,自称五郎君,与我寝处,诸物皆其所与,
不敢隐也。"庠意虽愤愤,然久困于穷,冀以小康,亦不之责。

此外,洪迈还在《夷坚丙志·吴民放鳝》篇中讲述了"以鬻鳝为
业"的一位吴中鱼贩因为把有孕在身的鳝鱼放生并从此"发愿改
业",终得神灵托梦启示而于"草蔓邃密中……得旧开元通宝钱二
万……用为本业,家遂小康"这样一则传奇故事。两则故事中均出
现了"小康"一词,一云"冀以小康",一云"家遂小康"。虽然故事中
的具体情境各不相同,但是"小康"的意涵却非常相似,都是指家财
富厚、家境殷实。再如吴敬梓在《儒林外史》里曾写下如许文字:"先
生得这'银母',家道自此也可小康了。"可知经无数代的积淀,"小
康"不光是高高悬诸庙堂的概念,已飞入寻常百姓家。

叁

正是得益于政治、经济、文化、社会众领域的重重建构与言说,
"小康"成为中国人的千载梦想与日常词汇,融入大众心理的深层次
中,被视为中华民族所必须经历且终将完成的"大道",蕴含着许多
有益的历史启示。

其一,传统小康思想体现了人们对美好生活和理想社会的追求。
从《礼运》中对大同、小康社会的描绘,孟子规划的"无饥"家庭,到近

代以来洪秀全要求建立的"公平正直之世",康有为梦想实现的"无邦国、无帝王,人人相亲,人人平等,天下为公"的大同世界,孙中山提出的"天下为公"的大同社会,皆可证明小康思想虽已提出千年,但始终被国人视为理想社会的理论源泉。

其二,传统小康思想体现的社会分阶段发展的思路给予了后世制度设计者极大启发。恰如前述,在康有为设计的大同世界图景里,人类社会是按照据乱、升平、太平的顺序发展的,他认为封建社会是据乱世,资本主义是升平世,大同社会是太平世。孙中山也强调中国只有经过小康才能走向大同,"大同世界,所以异于小康者,俄国新政府之计划,庶几近之"。因此他把实施民生主义、进行小康实践视为实现人类理想的中国道路。中国共产党人也是遵循这一思路,邓小平运用唯物史观,以历史与逻辑相统一,紧密地将"国情""世情"与传统文化相结合,从不同视角赋予这一概念多重崭新的意涵。"全面实现小康社会"目标的提出,既有着对传统小康思想的扬弃、吸纳和创造性转化,同时更是一种整体性超越和创新性发展。

其三,传统小康思想体现的民本和民富的价值立场,对历代政治家的治国方案产生了重要的借鉴作用。回顾近代以后的诸次历史事件,太平天国运动倡导以"无处不均匀,无处不饱暖"为宗旨,康有为主张"去苦求乐",孙中山明确主张民生就是人民的生活,民生主义就是"做全国大生利的事,要中国象英国、美国一样的富足;所得富足的利益,不归少数人,有穷人、富人的大分别,要归多数人,大家都可以平均受益"。无一不凸显着小康思想中的人民性特质。

综上可知,传统小康思想倘若被适当的时代语境所激发,便会再度复活,并转化成全民意志,焕发出改天换地的惊人能量。

第四编

承新使命,再建文明

——着力建设中华民族现代文明

建设中华民族现代文明的宏远规划

2023 年 6 月 2 日,在文化传承发展座谈会上,习近平总书记发表了重要讲话。此次讲话内容意蕴深邃、立意高远、古今贯通、气象宏阔,提出了极其重要的新命题,解答了中华文明突出特性这一课题,实现了对"第二个结合"核心要义的破题,点明了对中国特色社会主义文化建设的十四项议题,这充分说明习近平总书记对新时代中国特色社会主义文化建设理论创新与构建已达到新的境界。

第一,习近平总书记提出了极其重要的新命题。即"建设中华民族现代文明"和"新时代新的文化使命",这必将成为理论界、学术界长期着力攻关的重大课题。"中华民族现代文明"这个命题的首次提出,2022 年 10 月 28 日下午,习近平总书记在考察安阳殷墟遗址时特意强调:"殷墟我向往已久,这次来是想更深地学习理解中华文明,古为今用,为更好建设中华民族现代文明提供借鉴。"之后,党中央对这一命题高度重视,正如习近平总书记在文化传承发展座谈会上讲的:"这段时间,我一直在思考推进中国特色社会主义文化建设、建设中华民族现代文明这个重大命题,这也是召开这次座谈会的原因。"仔细体会"中华民族现代文明"这一命题,实际上至少内含两层战略部署。其一,中华文明绵延了 5000 多年,其底色和属性是基于农业生产生活。换言之,中华优秀传统文化是农耕文明的产物,正肇因于此,中华优秀传统文化与社会主义市场经济、民主政治、先进文化、社会治理等还存在需要协调适应的地方。党的二十大报告明确指出,中国共产党的中心任务就是团结带领全国各族人民全面建成社会主义现代化强国、实现第二个百年奋斗目标,以中国式现代化全面推进中华民族伟大复兴。中国式现代化,深深植根于中华优秀传统文化,体现科学社会主义的先进本质,借鉴吸收一切人类优秀文明成果,代表人类文明进步的发展方向,展现了不同于西方现代化模式的新图景,是一种全新的人类文明形态。毫无疑问,如果没有遵循中国特色社会主义文化发展道路,没有增强文化自信,就没有社会主义文化繁荣发展,也就没有社会主义现代化。因此,只有将波澜壮阔的中国式现代化进程紧紧地与中国国情、历史文化传统紧密结合,中国式现代化赋予中华文明以现代力量,中华文明赋予中国式现代化以深厚底蕴,彼此在同一历史创造中相互成就,臻于完善。其二,这也是与文化强国建设相衔接的必由之路。2011 年 10 月召开的十七届六中全会上,通过了《中共中央关于深化文化体制改革推动社会主义文化大发展大繁荣若干重大问题的决定》,明确提出"努力建设社会主义文化强国"的总体目标,并按照实现全面建设小康社会奋斗目标要求,提出了 2020 年要实现的包括"社会主义核心价值体系建设深入推进""适应人民需要的文化产品更加丰富"等文化改革发展奋斗目标。党的十八大以来,我们党锚定目标不更改,锁定任务不松懈,稳扎稳打、循序渐进,全民族文化创造活力大为增强、文化自信显著提升,如期顺利完成了"为把我国建设成为社会主义文化强国打下坚实基础"的阶段性任务。在此基础上,党的十九届五中全会确立到 2035 年建成文化强国的远景目标,展现了国家战略的延续性。未来已来,12年后,待文化强国基本完成后,为了全面实现社会主义现代化建设,乃至更高的目标,势必要在文化层面预先设置更为高远的战略,故习近平总书记在新的历史起点上提出"中华民族现代文明"的命题,可谓立足长远,谋划深邃。

如果说"中华民族现代文明"是着眼于未来的长远目标,那么"新的文化使命"则是笃行这一愿景的内在信念。二者是内外协调、交融一体的关系。

第二,习近平总书记解答了中华文明突出特性这一课题。党的十八大以来,以习近平同志为核心的党中央对中华文明的起源、形成、发展、特质、形态与创新等一系列重大问题念兹在兹。中华文明突出特性的提炼,彰显百年大党高度的文明意识与文化自觉,体现了中华民族主动认知自身、解释自身且定义自身的能力。若想深入理解中华文明的突出特性,首先,须清楚它们彼此间不是平面区隔的机械并列,而是立体有机的特性网络,需要从整体上加以把握,从而认清其生成机理与内在逻辑。其次,须在文明自我生成与发展的脉络中,把握突出特性网络内在的运行机理,它们并非呈先后逐一发生效用,实早已于数千载进程中彼此互化,同时发力。最后,习近平总书记在阐释突出特性时反复强调"从根本上决定",其中一个深意在于"第二个结合"即深刻把握中华文明发展规律而形成的理论结晶,五大突出特性是尤为重要的切入点。

第三,习近平总书记实现了对"第二个结合"核心要义的破题。党的十八大以来,以习近平同志为核心的党中央对"第二个结合"高度重视。2021年7月1日,习近平总书记在庆祝中国共产党成立100周年大会上发表重要讲话,第一次提出"坚持把马克思主义基本原理同中国具体实际相结合、同中华优秀传统文化相结合"的重要命题。同年 11 月党的十九届六中全会在总结"坚持理论创新"的历史经验时,把"两个结合"的重大论断正式写进决议中。"两个结合"重大论断是新时代以习近平同志为核心的党中央进行理论创造形成的深刻认识,在马克思主义基本原理"同中国具体实际相结合"的基础上,进一步提出"同中华优秀传统文化相结合",形成"两个结合"的重大论断,这是中国共产党推进马克思主义中国化时代化实践深入发展的理论创新成果,具有鲜明的时代意义。2022 年 5 月 27 日,在十九届中央政治局第三十九次集体学习时,习近平总书记再次强调,要在"两个结合"的基础上,"不断推动马克思主义中国化时代化"。在党的二十大报告中,习近平总书记更以大篇幅详论"第二个结合"的丰富含义,着重强调"把马克思主义思想精髓同中华优秀传统文化精华贯通起来、同人民群众日用而不觉的共同价值观念融通起来,不断赋予科学理论鲜明的中国特色,不断夯实马克思主义中国化时代化的历史基础和群众基础,让马克思主义在中国牢牢扎根"。接续而上,2023 年 6 月 2 日在文化传承发展座谈会上的讲话,更将"第二个结合"重大理论的内在逻辑与战略意义和盘托出、充分表达。仔细体悟座谈会讲话中对"第二个结合"五方面内容,我们会发现其内在层层递进、环环相扣的逻辑关联。"结合"的前提是彼此契合,预示着结合主体的对等性;"结合"的结果是互相成就,意味着结合结果的有机性;"结合"筑牢了道路根基,指明了结合之于中国式现代化的重要性;"第二个结合"是又一次的思想解放,揭示了理论和制度创新的必然性;"结合"巩固了文化主体性,进一步确证了习近平新时代中国特色社会主义思想之于强国建设、民族复兴的决定性。其中尤为值得关注的是"又一次的思想解放"这一提法。我们应当从较为广泛和长远的视野来理解。这要求我们在推进中国特色社会主义道路发展时,在实现强国建设、民族复兴的愿景中,要时刻以强烈的理论文化自觉和实事求是的态度,不断反思以往那些习以为常但已落后于时代和实践要求的观念、做法、路径,不被成见所局限束缚,不因陈规而裹足不前,以中国为中心,在"第二个结合"中实现党的理论、制度等各领域的创新。这也要求我们今后须竭力深化"第二个结合"这一重大主题的探讨与研究。

第四,习近平总书记为了指引大家更好担负起新的文化使命,提出了"十四个强调"的重要概括。应当说,这十四个方面,全面而精练地点明了新时代以来伟大文化变革的理论创新成果,且已渐成体系。这些重要观点是新时代党领导文化建设实践经验的理论总结,是做好宣传思想文化工作的根本遵循,必须长期坚持贯彻、不断丰富发展。惟其如此,方可为今后更为重要的原创性理论产生预做准备。

"新时代新的文化使命"的实践方向

习近平总书记在文化传承发展座谈会上发表的重要讲话，着眼于强国建设、民族复兴，立足于赓续中华文脉、建设现代文明，对中华文化传承发展的一系列重大理论和现实问题作了深入系统阐述，是习近平新时代中国特色社会主义思想的重要组成部分，是党的文化理论创新的最新成果，是铸就社会主义文化新辉煌的根本遵循与行动指南。

尤为值得注意的是，习近平总书记提出了"建设中华民族现代文明"和"新时代新的文化使命"两大全新命题，这势必成为未来很长一段时期着力探讨攻关的重大课题。如果说"中华民族现代文明"是着眼于未来的长远目标，那么"新的文化使命"则是笃行这一愿景的内在信念。针对中国共产党在新时代新的文化使命，习近平总书记已给出十分明晰的实践方向，即"只有全面深入了解中华文明的历史，才能更有效地推动中华优秀传统文化创造性转化、创新性发展，更有力地推进中国特色社会主义文化建设，建设中华民族现代文明"。围绕这一提示，我们遵循马克思主义基本原理同中华优秀传统文化相结合的创新路径，仍有继续深入探究与补充新的文化使命的必要。

全面深入了解中华文明在践行新的
文化使命中居于极为基础性的地位

开辟和发展中国特色社会主义,离不开5000多年中华文明,正是源于自身文明这种深厚的基础性作用。党的十八大以来,我们持续推进中华文明探源工程等一系列重大科研项目,突破了西方以英国考古学家戈登·柴尔德所提出的"城市、金属和文字的国家形成"的"三要素说",根据中国的材料(尤其是良渚古城的发现),兼顾其他古老文明的特点,提出了判断进入文明社会标准的中国方案。这就有力地破除了以往盲目推崇由西方构建的那一套文明理论的迷思,纠正了很多人习惯于把中国看作西方现代化理论视野中的近现代民族国家的误区,从而确立了从5000多年中华文明史的角度来把握与理解中国特色社会主义生成与发展的思路。这也是缘何习近平总书记强调"如果不从源远流长的历史连续性来认识中国,就不可能理解古代中国,也不可能理解现代中国,更不可能理解未来中国"的深沉考虑所在。

面向未来,要实现对于中华文明的"全面深入了解",经由"第二个结合""赋予中国式现代化以深厚底蕴",务必要做好五个方面的工作:第一,加强多学科联合攻关,推动中华文明探源工程取得更多成果;第二,深化研究中华文明特质和形态,为人类文明新形态建设提供理论支撑;第三,推动中华优秀传统文化创造性转化、创新性发展,为民族复兴培根铸魂;第四,推动文明交流互鉴,向世界贡献更多关乎文明赓续的倡议,并着力塑造文明型政党的形象,增强中华文明传播力影响力,推动构建人类命运共同体;第五,让更多文物和文化遗产活起来,营造传承中华文明的浓厚社会氛围。

中华优秀传统文化创造性转化、创新性发展是践行新的文化使命的重要路径与有效工具

创造性转化,就是要按照时代特点和要求,对那些至今仍有借鉴价值的内涵和陈旧的表现形式加以改造,赋予其新的时代内涵和现代表达形式,激活其生命力。创新性发展,就是要按照时代的新进步新进展,对中华优秀传统文化的内涵加以补充、拓展、完善,增强其影响力和感召力。创造性转化注重继承,创新性发展侧重创新,创新毫无疑问是在继承基础上的创新。创造性转化和创新性发展一脉相承、不离正轨的理论立足点是马克思主义基本原理,前后相继、相互奥援的贯通点就是中华优秀传统文化。立足新的历史起点,无论是通过"两个结合"深入推进理论、制度、实践、文化等重要创新,还是建设中华民族现代文明,皆需要从更高层面与更深层次推进创造性转化与创新性发展。这启示我们要更加精准地把握"两创"与"第二个结合"的关系。

首先,"两创"是新时代中国共产党进行文化发展创造的基本路径。2013 年 12 月 30 日,习近平总书记在十八届中央政治局第十二次集体学习时指出"在去粗取精、去伪存真的基础上,坚持古为今用、推陈出新,努力实现中华传统美德的创造性转化、创新性发展"。2014 年 9 月 24 日,在纪念孔子诞辰 2565 周年国际学术研讨会暨国际儒学联合会第五届会员大会开幕会上,习近平总书记强调:"要科

学对待文化传统。要坚持古为今用、以古鉴今,善于把弘扬优秀传统文化和发展现实文化有机统一起来、紧密结合起来,在继承中发展,在发展中继承,坚持有鉴别的对待、有扬弃的继承,努力实现传统文化的创造性转化、创新性发展。"2016 年 5 月 17 日,在哲学社会科学工作座谈会上,习近平总书记又强调:"要推动中华文明创造性转化、创新性发展,激活其生命力,让中华文明同各国人民创造的多彩文明一道,为人类提供正确精神指引。"从中华传统美德到中华文化再到中华文明,"两创"不仅应用于具体的传统文化的现代转化问题,而且适用于中华文化、中华文明的现代转化问题以及马克思主义基本原理同中华优秀传统文化相结合的重大议题,逐渐升格为一种具有普遍意义的路径,须久久坚持,不断拓展。

其次,"第二个结合"为"两创"走向深入提供了明确的推进方向与理论基础。随着新时代以来辉煌文化变革的推进,党中央对中华优秀传统文化和中华文明创造性转化和创新性发展的力度、广度和深度亦愈益加大,在此基础上明确提出将"马克思主义基本原理同中华优秀传统文化相结合"便水到渠成、势所必然。"第二个结合"本身就涵括于"两创"之中,是"两创"的题中应有之义;同时,"第二个结合"又突破了"两创"的预设范畴,"两创"经由"第二个结合"势必扩展到道路、理论、制度等方面,不再局限于文化一域。作为马克思主义中国化时代化的重要内容,"第二个结合"反过来又为"两创"提供了正确的推进方向和理论基础。

把握住此点启示,我们就能有意识地理解"第二个结合"的战略高度,即将中华优秀传统文化置于更高更深更宏大的中华民族伟大复兴的维度进行重新审视,从而拓展了"两创"的历史、理论与实践逻辑。面向未来,创造性转化、创新性发展无疑已成为推进"第二个结合"的具体理论方法与实践手段,于更为繁复而高超的结合探索中,我们将探寻高度契合性作为聚焦点,将造就一个有机统一的新的文化生命体作为创生点,将筑牢中国特色社会主义的道路根基作为立足点,将经由又一次的思想解放而探索面向未来的理论和制度创新作为着力点,将巩固文化主体性作为关键点。

中国特色社会主义文化建设是
践行新的文化使命的中心任务

党的十八大以来,我们把文化建设提升到一个新的历史高度,把文化自信和道路自信、理论自信、制度自信并列为中国特色社会主义"四个自信",把坚持马克思主义在意识形态领域指导地位的制度确立为中国特色社会主义制度体系的一项根本制度,把坚持社会主义核心价值体系纳入新时代坚持和发展中国特色社会主义的基本方略。新时代以来,我国文化建设在正本清源、守正创新中取得历史性成就、发生历史性变革,为新时代坚持和发展中国特色社会主义、开创党和国家事业全新局面提供了强大正能量。

这次文化传承发展座谈会上,习近平总书记着力强调,"在新的起点上继续推动文化繁荣、建设文化强国、建设中华民族现代文明,是我们在新时代新的文化使命","要共同努力创造属于我们这个时代的新文化",面向未来,新时代的文化发展与文化强国建设,我们的任务重点、焦点、热点与难点,必当与中国深厚文明底蕴和丰富文化资源相匹配、与中国特色社会主义事业总体布局相适应、与建设富强民主文明和谐美丽的社会主义现代化强国目标相承接、与中国式现代化的本质要求相吻合、与全面推进中华民族伟大复兴进程相一致。这势必要求我们在文化理论创新方面进行更大力度与高度的精研深思,"第二个结合""表明我们党的历史自信、文化自信达到了新高度,表明我们党在传承中华优秀传统文化中推进文化创新的自觉性达到了新高度",这正是我们必须秉持的至为关键的理论结晶。梳理习近平总书记在座谈会上对"第二个结合"的重要概括,继续"造就一个有机统一的新的文化生命体"、继续"充分运用中华优秀传统文化的宝贵资源,探索面向未来的理论和制度创新"、继续"巩固文化主体性"将成为文化强国建设布局里重中之重的核心工作。

总之,习近平总书记在文化传承发展座谈会上的讲话,一方面提出诸如"中华民族现代文明""新时代新的文化使命"等极其重要的现实命题,一方面也针对"中华文明的突出特性""第二个结合"等重大理论问题进行了深邃的阐释与揭示。故在热议相关系列议题的价值与意义的同时,如何更好地坚持马克思主义中国化时代化,传承发展中华优秀传统文化,促进外来文化本土化,不断培育和创造新时代中国特色社会主义文化,促使诸多目标走向深入、走向实践,亦是一项亟待展开的话题。

建设社会主义文化强国与建设中华民族现代文明是什么关系？

文化关乎国本、国运。因而实现中华民族伟大复兴，需要物质文明极大发展，也需要精神文明极大发展。2023年6月2日，习近平总书记在文化传承发展座谈会上再次提出并着重强调了"建设中华民族现代文明"这一重大命题。这既是关乎未来中国特色社会主义文化建设的规划图，更是一份创造中华文明现代形态的宣言书，值得深加探讨。

"中华民族现代文明"的首次提出，是在2022年10月28日。当天下午习近平总书记考察了位于安阳市西北郊洹河南北两岸的殷墟遗址。他特意强调："殷墟我向往已久，这次来是想更深地学习理解中华文明，古为今用，为更好建设中华民族现代文明提供借鉴。"之后，党中央对这一命题高度重视，正如习近平总书记在文化传承发展座谈会上讲的："这段时间，我一直在思考推进中国特色社会主义文化建设、建设中华民族现代文明这个重大命题，这也是召开这次座谈会的原因。"可见，"中华民族现代文明"的此次亮相，是经过党中央一番慎重考量与深入研究的。作为如此重大的理论和实践命题，为立足新的历史起点进行中国特色社会主义文化建设指明了方向。

与此同时，不容回避的是，"建设中华民族现代文明"与当下正全力推进的社会主义文化强国建设究竟是何种关系？搞清楚二者理论构建上的逻辑关联，弄明白彼此实践中的先后次序，对于今后更好地努力创造属于我们这个时代的新文化、担当新时代新的文化使命，自有其必要价值。

毫无疑问，"建设社会主义文化强国"提出甚早，理论构建成果甚丰，实践落实有条不紊，目前已处于提质增效的关键期。"建设中华民族现代文明"提出时间不足两载，理论阐释尚需展开，实践工作有待启动，目前应属于方兴未艾的阶段。因此，两相比较，二者在目标任务、涉及领域和发展阶段等方面皆存在差异。

首先，二者所承载的任务不同。在 2011 年 10 月 18 日召开十七届六中全会，通过了《中共中央关于深化文化体制改革推动社会主义文化大发展大繁荣若干重大问题的决定》，明确提出"建设社会主义文化强国"的总体目标。全会决定指出，建设社会主义文化强国，就是要着力推动社会主义先进文化更加深入人心，推动社会主义精神文明和物质文明全面发展，不断开创全民族文化创造活力持续迸发、社会文化生活更加丰富多彩、人民基本文化权益得到更好保障、人民思想道德素质和科学文化素质全面提高的新局面，建设中华民族共有精神家园，为人类文明进步作出更大贡献。其研判依据在于，当今世界正处在大发展大变革大调整时期，文化在综合国力竞争中的地位和作用更加凸显，维护国家文化安全任务更加艰巨，增强国家文化软实力、中华文化国际影响力要求更加紧迫。当代中国进入了全面建设小康社会的关键时期和深化改革开放、加快转变经济发展方式的攻坚时期，文化越来越成为民族凝聚力和创造力的重要源泉、越来越成为综合国力竞争的重要因素、越来越成为经济社会发展的重要支撑,丰富精神文化生活越来越成为我国人民的热切愿望。这势必要求进一步推动文化建设与经济建设、政治建设、社会建设以及生态文明建设协调发展,为继续解放思想、坚持改革开放、推动科学发展、促进社会和谐提供坚强思想保证、强大精神动力、有力舆论支持、良好文化条件。

"建设中华民族现代文明"的总体目标自然与之不同。根据习近平总书记在文化传承发展座谈会上的指示,"在新的起点上继续推动文化繁荣、建设文化强国、建设中华民族现代文明"。可见其目标的提出,紧扣第二个百年奋斗目标,同时将建设文化强国纳入其进程之中。更为关键的是,"中华民族现代文明"一定属于"两个结合"尤其是"第二个结合"的未来成果。换言之,中华民族现代文明一定是马克思主义基本原理同中华优秀传统文化彼此契合、相互成就的产物;一定是经由"第二个结合",在更广阔的文化空间中,充分运用中华优秀传统文化的宝贵资源,探索面向未来的理论和制度创新的产物;一定是通过对中华优秀传统文化的持续创造性转化和创新性发展中愈加巩固文化主体性的产物;一定是中国式现代化的文化形态,是文明自我更新、生生不已的产物;一定是中国特色社会主义创造的人类文明新形态,是破除西方现代化理论迷思、在5000多年中华文明深厚基础上开辟和发展出来且融汇人类一切文明成果的产物。

其次,二者所关涉的领域有别。"建设社会主义文化强国"的着眼点、发力点与攻坚点,皆是文化领域。当然文化强国建设的功用是与其他领域互动反哺。进入新发展阶段,统筹推进"五位一体"总体布局、协调推进"四个全面"战略布局,文化是重要内容;贯彻新发展理念,构建新发展格局,推动高质量发展,文化是重要支点;顺应我国社会主要矛盾的历史性变化,满足人民日益增长的美好生活需要,促进人的全面发展,文化是重要因素;迎接新一轮科技革命浪潮,推动发展质量变革、效率变革、动力变革,文化是重要领域;应对世界百年未有之大变局,在错综复杂国际环境中化解新矛盾、迎接新挑战、形成新优势,文化是重要软实力。可知文化强国建设是诸项部署中不可或缺的一部分,且其任务完成质量,直接或间接影响甚至左右其他领域的工作进展。

"建设中华民族现代文明"的重点自然是文化建设,根据座谈会讲话主旨,习近平总书记强调的关键工作是"只有全面深入了解中华文明的历史,才能更有效地推动中华优秀传统文化创造性转化、创新性发展,更有力地推进中国特色社会主义文化建设,建设中华民族现代文明"。但"文明"概念有广义与狭义之别。倘从更大范畴而言,中国共产党领导人民所进行的一切理论创新与实践创造,包括物质文明、政治文明、精神文明、社会文明、生态文明和党的政治文化、军事思想、国家安全、外交思想等,应都归于中华民族现代文明之中。也就是说,"中华民族现代文明"这一命题所涵括的内容极为丰富,可以消化与容纳的领域极为广大,存在着不断拓展的空间与理论延伸的可能。故该命题如何阐释与发展,势必会成为将来很长一段时期的重要工作。

再次,二者所立足的阶段迥异。诚如前言,"建设社会主义文化强国"是一项阶段性任务,前后衔接,继往开来。党的十七届六中全会公报按照实现全面建设小康社会奋斗目标要求,制定了到2020年的文化改革发展奋斗目标。十八大以来,我们党稳扎稳打、步步为营,全民族文化创造活力大为增强、文化自信显著提升。党的十九大又对实现第二个百年奋斗目标作出分两个阶段推进的战略安排,即到二〇三五年基本实现社会主义现代化，到本世纪中叶把我国建成富强民主文明和谐美丽的社会主义现代化强国，这必然促使文化强国建设须与时俱进、再上台阶。因此在十九届五中全会确立要到2035年建成文化强国的远景目标，标志着我们如期完成了"为把我国建设成为社会主义文化强国打下坚实基础"的阶段性任务，继续向新目标迈进。

与"建设文化强国"横跨"两个一百年"的特征不同，"建设中华民族现代文明"是立足新的历史起点即第二个一百年而提出的命题。准确把握"中华民族现代文明"，至少要从三个层次来着眼。首先，这是增强实现中华民族伟大复兴的精神力量的重要部署。一个国家、一个民族的强盛，总是以文化兴盛为支撑的，中华民族伟大复兴需要以中华文化发展繁荣为条件。因此，建设真正高度发达的中华民族现代文明，才能够为伟大复兴固本铸魂。其次，这是赋予中国式现代化深厚文明底蕴的重要举措。党的二十大报告明确指出，以中国式现代化全面推进中华民族伟大复兴。中国式现代化，须深深植根于中华优秀传统文化，如果没有遵循中国特色社会主义文化发展道路，没有增强文化自信，就没有社会主义文化繁荣发展，也就没有社会主义现代化。因此，只有通过中国式现代化赋予中华文明以现代力量，中华文明赋予中国式现代化以深厚底蕴，彼此在同一历史创造中方可相互成就，臻于完善。最后，这是继文化强国建设如期完成后的更高目标。待文化强国建设基本完成后，为了全面实现社会主义现代化建设，乃至更高目标，势必要在文化层面预先设置更为高远的战略，故党中央在新的历史起点上提出"中华民族现代文明"的命题，可谓立足长远，谋划深邃。

综上，就中国特色社会主义文化发展道路与建设而言，"建设中华民族现代文明"是继"建设社会主义文化强国"后更为长远且更为宏大的目标。虽然二者在承载任务、关涉领域和立足阶段多有差异,但总体来说"建设社会主义文化强国"应涵括在"建设中华民族现代文明"进程之中,为后者奠定基础并积累经验。非常值得关注的是,习近平总书记在文化传承发展座谈会上,特意总结了党中央在十八大以来围绕文化建设而提出的一系列新理念新思想新战略,可概括为"十四个强调"。这无疑既是新时代党领导文化建设实践经验的理论总结,也是做好宣传思想文化工作的根本遵循,更是未来推进建设中华民族现代文明的关键理论。相信随着日后中华民族现代文明建设趋于深化,更为重要的原创性理论概括必将提出。

守护历史文化根脉，彰显现代文明光辉

在 2023 年 6 月 2 日召开的文化传承发展座谈会上，习近平总书记强调："在新的起点上继续推动文化繁荣、建设文化强国、建设中华民族现代文明，是我们在新时代新的文化使命。"这势必要求各地区要对标党中央关于推进中国特色社会主义文化建设、建设中华民族现代文明的最新要求，立足本地域既有文化禀赋和特色资源，从更为长远的视野与战略布局中切实做好自身的文化传承、发展、创造、创新工作。作为首都，北京文化建设无疑举足轻重、堪作示范。

早在 2017 年考察北京工作时，习近平总书记就提出"建设一个什么样的首都，怎样建设首都"的重大议题。毫无疑问，"建设什么样的首都文化，怎样建设首都文化"必是题中应有之义，且是非常重要的有机构成部分。根据习近平总书记有关北京文化建设工作的一系列重要论述，结合党的二十大报告及文化传承发展座谈会精神，可以预见未来的北京文化建设，当以守护历史文化根脉为基石，通过孜孜以求的实践、源源不断的创新，充分展现鲜明的首都文化风范，深度描摹浓郁的古城风韵画卷，积极构建先进的时代风貌品牌，从而使得作为全国文化中心的北京彰显出中华民族现代文明之璀璨光辉。

展现鲜明的首都文化风范

顾名思义，首都文化指的是以悠久的北京地域文化为基础，尤其依托于辽金元明清五朝帝都的载体，在漫长历史绵延中不断融汇全国各地各族文化精华，并主动借鉴汲取异质文化之优长，进而熔铸各类精神文化内容与外在物化形态于一炉的复杂集合。故有学者认为："北京文化则以传承久远、内容丰厚而成为中华文化最具代表性的地域文化之一。"一百多年来，随着中国共产党持续的伟大文化创造，千年古都被赋予了更多的红色基因与现代色彩，集尊崇中和、倡导互鉴与形塑社会主义文化于一身。

首先，筑牢中国多元文化的中轴线。作为五朝帝都，首都文化具有强烈的国家、民族的正统意识。这在以中轴线为代表的都城营建制度和格局上体现得淋漓尽致。北京中轴线是构建明清北京城营造体系的重要基准，是传统中国政治与礼制文化的物化载体，也是彰显5000多年中华文明演进轨迹的活态标本。以永定门为起点，经正阳门、天安门、午门、端门、乾清宫、万春亭、鼓楼，直到钟楼，恰如梁思成先生当年概括的："一根长达八公里，全世界最长，也是最伟大的南北中轴线穿过了全城。北京独有的壮美秩序就由这条中轴的建立而产生。前后起伏左右对称的体形或空间的分配都是以这中轴为依据的。"可以说，北京中轴线是中国历代都城布局的交汇线，亦是中国核心文化基因的延长线。换言之，北京中轴线不单是一条"虚"的空间之轴，也是一项"实"的文化遗产之线，其中蕴含着丰富深厚的中国核心文化基因。比如"尚中""贵和""秉正""求新"等诸多理念。

正基于以上的积淀与发展,北京中轴线成为一条不断成长的"文化生命线",国家奥林匹克体育中心、北京奥林匹克塔、奥林匹克森林公园、国家会议中心、中国共产党历史展览馆、中国历史研究院、中国科学技术馆等重要建筑在北部区域拔地而起,大兴机场在南边遥相呼应,愈加增强了中轴线无可替代的枢纽意义。这也佐证了习近平总书记的一个重要论断,"北京是千年古都,见证了历史的沧桑变迁。北京也是一座现代新城,随着中国发展不断展现新的风貌"。中轴线的存留与拓展,即首都文化亘古亘今,亦新亦旧的最佳体现。

其次,打造文明交流互鉴的集聚地。文明因交流而多彩,文明因互鉴而丰富。文明交流互鉴,是推动人类文明进步和世界和平发展的重要动力。自古以来,首都文化就兼有雍容大气、海纳百川的禀赋,成为中西文化交流的桥头堡。进入新时代,首都文化在文明交流互鉴方面更上层楼,因此习近平总书记指出:"北京更是一座国际化大都市,东西方不同文明时时刻刻在这里相遇和交融。"党的十八大以来,在北京,我们举办了"一带一路"国际合作高峰论坛、亚洲文明对话大会、中国共产党与世界政党高层对话会等重大活动,我们提出了全人类共同价值、全球发展倡议、全球安全倡议、全球文明倡议,旗帜鲜明地表达了"中国共产党将致力于加强政党交流合作,携手共行天下大道"的诚挚意愿。于是交流如日常,天下朋友皆胶漆,徜徉于北京城,可以游览古老的故宫、长城、天坛,也可以参观现代派的鸟巢、水立方、国家大剧院。你能听到中国传统的京剧和相声,也能欣赏来自西方的芭蕾舞和交响乐。你会碰到衣着新潮、穿行在世界名品商店里的中国青年,也能遇见操着流利汉语、在老胡同里徜徉的外国友人。"北京从历史上的小城,成为今天的国际化大都市，向我们揭示了一个道理：人类生活在共同的家园，拥有共同的命运，人类历史始终在不同民族、不同文化的相遇相知中向前发展。"文明在流动中日新月异，北京在交融中流光溢彩。

最后，形塑社会主义文化的样板间。中国特色社会主义文化，源自中华民族 5000 多年文明历史所孕育的中华优秀传统文化，熔铸于党领导人民在革命、建设、改革中创造的革命文化和社会主义先进文化，植根于中国特色社会主义伟大实践。北京作为社会主义文化建设的主战场和排头兵，自有其得天独厚的优势。从这里，爆发了五四运动，"推动了中国社会进步，促进了马克思主义在中国的传播，促进了马克思主义同中国工人运动的结合，为中国共产党成立做了思想上干部上的准备，为新的革命力量、革命文化、革命斗争登上历史舞台创造了条件，是中国旧民主主义革命走向新民主主义革命的转折点"，"孕育了以爱国、进步、民主、科学为主要内容的伟大五四精神"；在这里，北京大学成为"中国最早传播和研究马克思主义的地方，为马克思主义在中国的传播和中国共产党的成立作出了重要贡献"。在这里，2008 年、2022 年先后举办了夏季奥运会和冬季奥运会，充分展现了中国特色社会主义文化自信，体现了"北京千年古都既古老又现代的独特魅力"，"展示我们国家和民族致力于推动构建人类命运共同体，阳光、富强、开放的良好形象，增进各国人民对中国的了解和认识"，并且"共同创造了胸怀大局、自信开放、迎难而上、追求卓越、共创未来的北京冬奥精神"。立足新的历史起点，北京必将更有力地推进中国特色社会主义文化建设，形塑独一无二的社会主义文化样板间。

描摹浓郁的古城风韵画卷

历史文化是城市的灵魂。悠久且厚重的"北京历史文化是中华文明源远流长的伟大见证,要更加精心保护好,凸显北京历史文化的整体价值,强化'首都风范、古都风韵、时代风貌'的城市特色"。这明确提示北京在坚持不懈推进中华民族现代文明建设的进程中,当秉持守正出新的原则,务必保护好历史文化遗产、传承好特色京味文化与赓续好红色文化基因。

首先,保护好历史文化遗产。北京的历史文化遗产极为丰富。无论是物质文化领域的城池宫殿、坛庙园林、衙署寺观、河渠道路,抑或精神层面的思想观念、典章制度、民风民俗、语言艺术等等,皆博大精深,丰赡至极。早在 2014 年,习近平总书记就强调:"北京是世界著名古都,丰富的历史文化遗产是一张金名片,传承保护好这份宝贵的历史文化遗产是首都的职责,要本着对历史负责、对人民负责的精神,传承历史文脉,处理好城市改造开发和历史文化遗产保护利用的关系,切实做到在保护中发展、在发展中保护。"时隔五年后,习近平总书记又满含深情地指出:"一个城市的历史遗迹、文化古迹、人文底蕴,是城市生命的一部分。文化底蕴毁掉了,城市建得再新再好,也是缺乏生命力的。要把老城区改造提升同保护历史遗迹、保存历史文脉统一起来,既要改善人居环境,又要保护历史文化底蕴,让历史文化和现代生活融为一体。"在"十四五"规划和 2035 年远景目标中,北京市非常注重老城整体保护与复兴。未来将保护好两轴与四重城郭、棋盘路网和六海八水的空间格局,扩大历史文化街区和历史建筑保护范围；统筹做好文物保护、腾退开放和综合利用。同时加快推进中轴线申遗保护工作，力争取得突破性成果；推进北京中轴线文化遗产保护立法。并进一步加强大运河、长城、西山永定河"三条文化带"传承、保护和利用，建设好长城、大运河国家文化公园（北京段），建设中国长城博物馆和大运河博物馆。推进琉璃河西周燕都考古遗址公园等项目建设。加强"三山五园"地区整体保护，建设好国家文物保护利用示范区。以上一系列举措无不体现了北京市在保护历史文化遗产方面一张蓝图绘到底的决心与部署。

其次，传承好特色京味文化。"老北京的一个显著特色就是胡同，要注意保留胡同特色，让城市留住记忆，让人们记住乡愁。"胡同恰恰是京味文化的重要组成部分。在绵长的历史积淀与日常生产生活中，在融合汉族、满族、蒙古族、藏族等多种民族文化的基础上，在新中国成立后新的文化类型创造的过程中，北京形成了独具地方韵味的市井文化——京味文化。该文化类型集"京腔、京韵、京味"于一体，覆盖胡同、四合院、大院、茶馆、城墙、牌楼、戏院、什刹海等物化载体，还孕育出遛鸟、抖空竹等习俗情趣和全聚德、东来顺、便宜坊、玉华台、丰泽园等一系列京味老字号，与此同时，京味文学、戏曲、影视、相声也在国内首屈一指，影响深远。因此，在"十四五"规划和2035年远景目标中，北京市着重强调加强老字号传承创新，强化非物质文化遗产系统性保护。

最后，赓续好红色文化基因。近代以后，在国家蒙难、民族蒙辱、文明蒙尘的大变局中，北京作为一座伟大的城市，见证了中国否极泰来、走向复兴的历程，自身也完成了新陈代谢、浴火重生的更化。这里是新文化运动的发源地，这里是马克思主义火种最早的引入地，这里是中国共产党的孕育地,"中国共产党的主要创始人和一些早期著名活动家,正是在北大工作或学习期间开始阅读马克思主义著作、传播马克思主义的,并推动了中国共产党的建立"。这里打响了中华民族抗战的第一枪,习近平总书记曾特意举了密云县伟大母亲邓玉芬把丈夫和五个孩子送上前线的事例,证明北京人民誓与日寇血战到底的决心。这里宣告了中华人民共和国的成立,"在这里,毛泽东、朱德同志发布向全国进军的命令,吹响了'打过长江去,解放全中国'的伟大号角,中国人民解放军以摧枯拉朽之势向全国各地胜利大进军,彻底结束了国民党在大陆的统治。在这里,毛泽东同志发表了《论人民民主专政》,为新中国的建立奠定理论基础和政策基础。在这里,中共中央同各民主党派、各界人士共同筹备中国人民政治协商会议,制定通过了起到临时宪法作用的《中国人民政治协商会议共同纲领》,确定了新中国的国体和政体,制定了一系列基本政策,描绘了建立建设新中国的宏伟蓝图"。这里也是改革开放的启动地,"1981年北大学子在燕园一起喊出'团结起来,振兴中华'的响亮口号",更是习近平新时代中国特色社会主义思想的产生地。毫无疑问,北京拥有着鲜明且深厚的革命文化,凝聚积累成有力而恒久的红色基因。放眼未来,北京市为了继续发扬红色传统、传承红色基因,赓续共产党人精神血脉,将深入实施北京市新时代爱国主义教育实施方案,建设中国共产党早期革命活动(北大红楼)、抗日战争(卢沟桥和宛平城)、建立新中国(香山革命纪念地)爱国主义教育主题片区,打造全国一流爱国主义教育基地,创作出更多的像《觉醒年代》一样的红色经典。让这座红色之城、英雄之城、革命之城绽放出新的光辉。

构建先进的时代风貌品牌

　　首都文化的一大可贵之处，即在于历久而弥新，传承与发展并行不悖，于是让北京城既古老又年轻。正如习近平总书记所讲的，"城市形成是历史积累和沉淀，罗马不是一天建成的。好的城市可能需要几百年甚至上千年的发展"。这提示我们首都文化的今日成就来之不易，将来若想延续辉煌，肩负起新时代新的文化使命，必须持续注入创新创造的源源动力，其着力点在于推进创新文化的升级迭代、增强社会科学的自主发展和更新国际都市的恢宏格局。

　　首先，推进创新文化的升级迭代。北京自古就有着创新发展的良好传统，至今已内化为其文化基因。首都文化的创新品格，既敢于开拓，又容忍失败，既要素齐全、人才密集，又人人出彩、各得其所，具备了在新时代实现突破的创新优势。因此，首都文化的升级迭代，其基础之一在于雄厚的科技创新能力，"要支持中关村国家自主创新示范区更好发挥科技资源和制度创新优势，开展高水平科技自立自强先行先试改革"。以此为依托，推进公共文化服务体系示范区建设，建设新型网络传播平台，打造全国标杆性区级融媒体中心，提高公共文化设施运营效率，促进公共文化供给多元化、服务方式智能化。与此同时，要推进文化产业发展引领区建设。实施文化产业数字化战略，推动文化与科技、旅游、金融等融合发展，培育发展新型文化企业、文化业态、文化消费模式。利用老旧厂房拓展文化空间，打造更多"网红打卡地"。加强市级文化产业园区规范化运营管理，建设国家级文化和科技融合示范基地，打造文化科技产业集群。持续深化国家文创实验区建设,推动设立文化发展基金、文创银行,用好文创板平台,建设版权运营交易中心和艺术品交易中心,培育头部文化企业,构建充满活力的现代文化产业体系和文化市场体系。

其次,增强社会科学的自主发展。首都文化得以创新不已的另一基础,便是人才资源。丰富多样的高校集群和科研机构,恰是北京得天独厚的优势。这里有着多所历史悠久且底蕴深厚的著名高校,习近平总书记对诸所高校都提出了殷切的期望与要求。对于北京大学,习近平总书记提出:"在实现中华民族伟大复兴新征程上,北大师生应该继续发扬五四精神,为民族、为国家、为人民作出新的更大的贡献"。为了更好创建中国特色世界一流大学,还需紧扣"坚持办学正确政治方向"、"建设高素质教师队伍"和"形成高水平人才培养体系"三项基础性工作。对于清华大学,习近平总书记指出,"清华大学的发展历程,是我国高等教育发展的一个生动缩影","清华大学要坚持把立德树人作为根本任务,把服务国家作为最高追求,把学科建设作为发展根基,把深化改革作为强大动力,把加强党的建设作为坚强保证,不忘初心、牢记使命,为党育人、为国育才,为实现第二个百年奋斗目标、实现中华民族伟大复兴的中国梦、推动人类文明进步作出新的更大的贡献"。对于中国人民大学,习近平总书记强调,"中国人民大学在抗日烽火中诞生,在党的关怀下发展壮大,具有光荣的革命传统和鲜明的红色基因。一定要把这一光荣传统和红色基因传承好,守好党的这块重要阵地。要加强校史资料的挖掘、整理和研究,讲好中国共产党的故事,讲好党创办人民大学的故事,激励广大师生继承优良传统,赓续红色血脉","建设世界一流的中国特色社会主义大学,培养社会主义建设者和接班人,必须有世界一流的大师。要高度重视教师队伍建设,特别是要加强中青年教师骨干的培养，把人民大学打造成为我国人文社会科学研究和教学领域的重要人才中心和创新高地"。对于北京师范大学，习近平总书记谆谆教导广大师生"学为人师，行为世范。做好老师，要有理想信念。广大教师要始终同党和人民站在一起，自觉做中国特色社会主义的坚定信仰者和忠实实践者，忠诚于党和人民的教育事业。要用好课堂讲坛，用好校园阵地，用自己的行动倡导社会主义核心价值观，用自己的学识、阅历、经验点燃学生对真善美的向往。做好老师，要有道德情操。老师对学生的影响，离不开老师的学识和能力，更离不开老师为人处世、于国于民、于公于私所持的价值观"。以上可见，习近平总书记对于不同高校，有着极具针对性的要求和部署，从而各展其长，形成合力，着力构建具有中国特色、中国风格、中国气派的哲学社会科学。

最后，更新国际都市的恢宏格局。创新的驱动，人才的汇聚，交流的频密，自然会促使北京这座国际都市的更新升级。这要求北京"明确城市战略定位，坚持和强化首都全国政治中心、文化中心、国际交往中心、科技创新中心的核心功能，深入实施人文北京、科技北京、绿色北京战略，努力把北京建设成为国际一流的和谐宜居之都"。在文化建设领域，北京当继续做强北京国际设计周等品牌文化活动，建设设计名城。推进国家文化出口基地等建设，促进优秀文化产品进入国际市场。举办历史文化名城论坛、中国大运河文化带"京杭对话"等活动。积极组织参与国际重大文化交流，提升国际传播能力，提炼展示首都文化的精神标识和文化精髓，讲好中国故事、北京故事，传播好中国声音、北京声音，展现可信、可爱、可敬的中国形象、北京形象。

综上，立足习近平总书记关于北京文化建设工作的一系列重要论述,根据文化传承发展座谈会上的最新精神,未来的首都文化建设,当以守护历史文化根脉为基石,通过孜孜以求的实践、源源不断的创新,充分展现鲜明的首都文化风范,深度描摹浓郁的古城风韵画卷,积极构建先进的时代风貌品牌,在推动文化繁荣、建设文化强国,建设中华民族现代文明的伟大实践中凝聚北京智慧、提供北京经验、贡献北京力量,展现北京形象。

贡献建设中华民族
现代文明的内蒙古力量

2023 年 6 月 2 日,习近平总书记在文化传承发展座谈会上强调:"在新的起点上继续推动文化繁荣、建设文化强国、建设中华民族现代文明,是我们在新时代新的文化使命",为中华民族在新时代新征程上擘画了文化建设的新任务新蓝图。建设中华民族现代文明,是推进中国式现代化的必然要求,是社会主义精神文明建设的重要内容。这意味着全国不同地区要根据自身独特的文化资源禀赋与建设发展现状,制定符合党中央建设中华民族现代文明总体目标,且立足区域情况的长远发展规划。

内蒙古自治区自古以来就是多民族聚居的区域,历史文化厚重,人文资源丰富,在数千年文明赓续与历史变迁中形成了融红色文化和草原文化、农耕文化、黄河文化、长城文化等地域性文化于一体的"北疆文化"品牌。这既是内蒙古自治区建设中华民族现代文明的厚重基础,同时也是未来推进该项战略部署的着力之处。

全面推进中华民族共有精神家园建设是重中之重。我国是统一的多民族国家,各民族团结和谐,则国家兴旺、社会安定、人民幸福;反之,则国家衰败、社会动荡、人民遭殃。党中央强调把铸牢中华民族共同体意识作为新时代党的民族工作的主线,是着眼于维护中华民族大团结、实现中华民族伟大复兴中国梦作出的重大决策,也是深刻总结历史经验教训得出的重要结论。铸牢中华民族共同体意识是新时代党的民族工作的主线,也是民族地区各项工作的主线。内蒙古自治区的经济建设、政治建设、文化建设、社会建设、生态文明建设和党的建设等,都要紧紧围绕、毫不偏离这条主线。内蒙古的今天是各族群众共同奋斗的结果,内蒙古的明天仍然需要各族群众团结奋斗。因此放眼未来,内蒙古自治区铸牢中华民族共同体意识,既要做看得见、摸得着的工作,也要做大量"润物细无声"的事情。推进中华民族共有精神家园建设,促进各民族交往交流交融,各项工作都要往实里抓、往细里做,要有形、有感、有效。要把铸牢中华民族共同体意识的工作要求贯彻落实到全区历史文化宣传教育、公共文化设施建设、城市标志性建筑建设、旅游景观陈列等相关方面,正确处理中华文化和本民族文化的关系,为铸牢中华民族共同体意识夯实思想文化基础。

增进各族人民对中国特色社会主义文化认同是关键一环。内蒙古作为我国最早成立的民族自治区,在促进民族团结上具有光荣传统,长期以来拥有"模范自治区"的崇高荣誉,要倍加珍惜、继续保持。要围绕共同团结奋斗、共同繁荣发展,牢记汉族离不开少数民族、少数民族离不开汉族、各少数民族之间也相互离不开,在促进民族团结方面把工作做细做实,增强各族群众对伟大祖国、中华民族、中华文化、中国共产党、中国特色社会主义的认同。众所周知,文化认同是最深层次的认同,是民族团结之根、民族和睦之魂。因此在具体实践中,要正确把握共同性和差异性的关系,增进共同性、尊重和包容差异性是民族工作的重要原则。要正确把握中华民族共同体意识和各民族意识的关系,引导各民族始终把中华民族利益放在首位,本民族意识要服从和服务于中华民族共同体意识,同时要在实现好中华民族共同体整体利益进程中实现好各民族具体利益,大汉族主义和地方民族主义都不利于中华民族共同体建设。要正确把握中华文化和各民族文化的关系,各民族优秀传统文化都是中华文化的组成部分,中华文化是主干,各民族文化是枝叶,根深干壮才能枝繁叶茂。要认真做好推广普及国家通用语言文字工作,全面推行使用国家统编教材。要在各族干部群众中深入开展中华民族共同体意识教育,特别是要从青少年教育抓起,引导广大干部群众全面理解党的民族政策,树立正确的国家观、历史观、民族观、文化观、宗教观,旗帜鲜明反对各种错误思想观点,凝聚"建设亮丽内蒙古,共圆伟大中国梦"的合力。

注重对中华优秀传统文化的传承与创新是基础工作。中华优秀传统文化代代相传,表现出的韧性、耐心、定力,是中华民族精神的一部分。内蒙古自治区拥有着极其丰富且极具特色的地域文化资源。2019 年 7 月 15 日,习近平总书记来到赤峰博物馆,了解红山文化等史前文化发掘保护情况和契丹辽文化、蒙元文化等历史沿革。在博物馆二层,习近平总书记观看了古典民族史诗《格萨(斯)尔》说唱展示,并同《格萨(斯)尔》非物质文化遗产传承人亲切交谈,指出:"你们的演唱让我们感受到历史文化的厚重。56 个民族不断交流交往交融,形成了多元一统的中华民族。我们中华文明历史悠久,是世界上唯一没有中断、发展至今的文明,要重视少数民族文化遗产的保护传承。我今天来看你们,就是要表明党中央是支持扶持少数民族非物质文化遗产保护和传承的。"这一重要论断的启示在于,在迈向中华民族现代文明建设的今天,我们依然要高度重视少数民族文化保护和传承,支持和扶持像《格萨(斯)尔》这样的诸多非物质文化遗产。通过多民族文化的代代传承、彼此交融,从而引导人们树立正确的历史观、国家观、民族观、文化观,不断巩固各族人民对伟大祖国的认同、对中华民族的认同、对中国特色社会主义道路的认同。同时,我们还要深刻领会习近平总书记在中国国家版本馆提出的"以收藏为主业,加强历史典籍版本的收集,分级分类保护好"和"做好历史典籍版本的研究和挖掘"的要求,加强对蒙古文古籍的搜集、整理、保护,挖掘弘扬蕴含其中的民族团结进步思想内涵,激励各族人民共同团结奋斗、共同繁荣发展。

"以古人之规矩,开自己之生面"。站在新的历史起点上,内蒙古自治区将着眼传承发展中华优秀传统文化,以各民族交往交流交融为内核,以守望相助为底色,守正出新,开拓进取,赓续北疆大地的历史文脉,彰显蒙古马精神和"三北精神"之光辉,为建设中华民族现代文明贡献内蒙古之力量!

中国式现代化是中华民族的旧邦新命

在 2023 年 6 月 2 日召开的文化传承发展座谈会上，习近平总书记指出："中国式现代化赋予中华文明以现代力量，中华文明赋予中国式现代化以深厚底蕴。"这句论断极为鲜明且辩证地揭示出中国式现代化与中华文明的密切关联。在新中国成立特别是改革开放以来长期探索和实践基础上，经过十八大以来在理论和实践上的创新突破，我们党成功推进和拓展了中国式现代化。中国式现代化既有各国现代化的共同特征，更有基于自己国情的鲜明特色。党的二十大报告明确概括了中国式现代化 5 个方面的中国特色，深刻揭示了中国式现代化的科学内涵。十八大以来，党中央对中华文明的起源、演进、特性与发展等一系列问题念兹在兹，强调："中华文明源远流长、博大精深，是中华民族独特的精神标识，是当代中国文化的根基，是维系全世界华人的精神纽带，也是中国文化创新的宝藏。"合而观之，文化传承发展座谈会上的这一最新论断，将中国式现代化的历史根源与中华文明的更新路径融为一体来把握，体现了中国共产党对自身发展道路认识的进一步深化，需要从深层次揭示其中机理。

从文明赓续与社会转型的角度审视，在 2021 年庆祝中国共产党成立 100 周年大会上的讲话中，习近平总书记强调："1840 年鸦片战争以后，中国逐步成为半殖民地半封建社会，国家蒙辱、人民蒙难、文明蒙尘，中华民族遭受了前所未有的劫难。"为当代国人把握近代以降的民族探索历程给出了很好的考察视角。倘从近代中国所要实现的迫切目标来看，国家蒙辱意味着国力须由弱转强，人民蒙难意味着民族须转危为安，文明蒙尘意味着文化须振衰而兴。换言之，积贫积弱的中国面临着国家重建、民族再塑与文明更新的三大重任，传统中国必须于列强环伺、世变日亟的险境中完成一场人类历史上旷古未有的"旧邦新命"式的自我蜕变与升华。揆诸史实，从林则徐到孙中山，从"开眼开世界"到"建立民主共和"，一代代地前赴后继、孜孜以求，虽逐渐改变了中国旧有的政治格局和社会形态，却始终无法真正赋予"旧邦"以"新命"。只有中国共产党创立后，历史的可能性与必然性方由之合二为一。正如习近平总书记在文化传承发展座谈会上指出的："中国式现代化是中华民族的旧邦新命，必将推动中华文明重焕荣光。"尤其是立足新的历史起点，肩负新的历史使命，更为深刻而清醒地理解中国式现代化与中华文明的内在关系，则显得愈加重要。概言之，我们大致须把握三个问题。

首先，绵延不绝的中华文明与驰而不息的现代化绝不是对立关系。早在2013年，习近平总书记在第十二届全国人民代表大会第一次会议上就指出，中国特色社会主义道路"来之不易，它是在改革开放30多年的伟大实践中走出来的，是在中华人民共和国成立60多年的持续探索中走出来的，是在对近代以来170多年中华民族发展历程的深刻总结中走出来的，是在对中华民族5000多年悠久文明的传承中走出来的，具有深厚的历史渊源和广泛的现实基础"。道路的开拓，现代化的摸索，都是在"瞻前顾后""溯古观今"中展开的。通常认为，现代化是指工业革命以来人类社会各方面发生的变革性变化,即由以农业为主的传统社会向以工业为主的现代社会的转型。同一过程中,随着由前现代步入现代,现代性逐渐生成且发展。无须讳言,以欧美为代表的西方国家首先启动了现代化的进程且在很长一段时间内居于领先位置,但这并不意味着现代化是属于西方的专利,这是人类社会共同的发展趋势。然而囿于西方话语霸权的影响乃至误导,西方很多人甚至一些发展中国家的民众往往习惯于把中国看作西方现代化理论视野中的近现代民族国家,没有形成从5000多年文明史的角度来看中国的自觉和意识,这样就难以真正理解中国的过去、现在、未来。正是这种观念的蔓延流行,很长一段时间内,诸多"停滞的帝国""传统文化阻碍现代化启动""全盘西化"等错误思潮比较常见,这势必造成将中华文明同现代化进程视为二元对立的固化成见。

当代中国是历史中国的延续和发展,当代文化是文化传统的传承和发展,当代现代化的开展是基于中华文明这一根脉上的实践形态。中华民族是有独特品格的民族,中华文明是自成体系的文明。独特的文化传统,独特的历史命运,独特的基本国情,注定了我们必然要走适合自己特点的发展道路。新时代以来党中央对于中华文明根脉、基石和底蕴的反复强调,无疑表明中华文明自身便蕴藏着现代性的元素,这是我们能够开拓出中国特色社会主义道路的密码所在。

这在中华文明的突出连续性方面体现得淋漓尽致。回顾人类文明的历程,显而易见的是,"连续性"是中华文明与西方文明的最大不同。尽管从传统中国到现代中国,中国历史的演化存在着王朝的更迭、形态的递嬗、民族的多元,一部中国史充满着剧变、聚变和巨变,然万变不离其宗,众多变奏合唱的基调依旧是连续,而不是断裂,这些变化始终都处于一种文明框架之中,因为中华文明的框架并没有出现过西方式的全盘的质的决裂。

由突出连续性审视中国式现代化的建构，有三个视角值得留意。其一，须从中华民族发展史视野把握中国式现代化的历史定位。基于唯物史观分析看待中国式现代化过程，其整体建构的善果，亦即近代以来中华文明在中国革命、建设、改革和新时代伟大变革中延续与更新的结果。其二，须从中华文明这一历史前提把握中国式现代化的主体性建构。习近平总书记强调，中国式现代化"是赓续古老文明的现代化""是从中华大地长出来的现代化"。中华文明的稳定连续性，规定了中华民族必然沿着自己的长久以来所走出的历史轨迹探索现代化之路。毫无疑问，这就是我们开展中国式现代化的历史前提，唯有在此基础上启动的现代化，才堪称开创具有独立性、主体性的现代化模式。其三，中华文明长期积淀的深厚文化基因，彰显中国式现代化的独有特色。中华优秀传统文化源远流长、博大精深，"亲仁善邻、协和万邦是中华文明一贯的处世之道，惠民利民、安民富民是中华文明鲜明的价值导向，革故鼎新、与时俱进是中华文明永恒的精神气质，道法自然、天人合一是中华文明内在的生存理念"。在世界观、天下观、社会观、道德观、文明观、审美观等方面，中华文明皆形成了独树一帜的核心要旨。它们历经代代传承、返本开新，实际上为中华民族搭建了通往现代化的独特资源和巨大优势。申言之，突出的连续性不仅仅是时间的延续、空间的稳定，更是内化为一种深层次文化意义上的连续性，从而塑造了中国式现代化最核心的历史定位、前提与特色。十八大以来，党中央不断持续推进理论和实践创新，成功提出了"把马克思主义基本原理同中华优秀传统文化相结合"的重大理论命题和方法论，这成为了衔接古老文明与马克思主义的不二利器，成为了融汇中华文明与中国式现代化的最大法宝，让中国特色社会主义道路有了更加宏阔深远的历史纵深,拓展了其文化根基。

其次,中国式现代化之所以是"中国的",一大要因即这是植根中华文明的现代化。一个国家选择什么样的现代化道路,是由其历史传统、社会制度、发展条件、外部环境等诸多因素决定的。国情不同,现代化途径也会不同。实践证明,一个国家走向现代化,既要遵循现代化一般规律,更要符合本国实际,具有本国特色。既然中国特色社会主义道路是在马克思主义指导下走出来的,也是从5000多年中华文明史中走出来的,那么中国式现代化的行稳致远也必须深深扎根于中国的文化基础和深厚的文明底蕴。中华文明涵养了中国式现代化的精神气质。中华优秀传统文化蕴含着许多思想和理念,如天人合一、民为邦本、和而不同、革故鼎新、自强不息、厚德载物、为政以德、天下为公等,具有鲜明民族特色和恒久时代价值,是中国式现代化的重要思想资源。

这从中华文明的突出统一性、和平性方面表现得非常典型。"统一性"是从国家观、民族观角度阐释中华文明的突出特征,其中包含着疆域统一、政治统一、民族统一、文化统一等多重意涵。"和平性"是中华文明的突出精神特质和相处之道,是从古至今中华民族处理同外部世界诸类关系的基本原则。可以说,统一性、和平性为中国式现代化凝聚人心、汇聚民力奠定了深厚的历史根基,涵养了中国式现代化立人达人、与世界各国携手同行现代化之路的基本理念。

具体而言,大致可从两个方面来把握。其一,在现代化建设的新征程上,应立足于中华民族共同体的历史史实和基本国情,充分发挥"统一性"的民族优势。中国式现代化所取得伟大成就的根本动力是各族人民的衷心拥护和共同努力。因此,需要切实调动各族人民的主体创造性,并维护和保障各族人民的根本利益。坚守人民至上的理念是中国式现代化的比较优势,也是凝聚创造力量的必然要求。同时要大力发扬中华文明"大一统"意识,维护和建设中华民族共同体。在中国式现代化的共同奋斗实践中,要立足中华民族悠久历史,把马克思主义民族理论同中国具体实际相结合、同中华优秀传统文化相结合,遵循中华民族发展的历史逻辑、理论逻辑,科学揭示中华民族形成和发展的道理、学理、哲理。更有力地促进各民族广泛交往交流交融,以中华民族大团结促进中国式现代化。强国建设、民族复兴的进程,必然是各民族广泛交往交流交融的过程,必然是各民族共同团结奋斗、共同繁荣发展的过程。必须高举中华民族大团结旗帜,把推动各民族为全面建设社会主义现代化国家共同奋斗,作为新征程党的民族工作的重要任务。其二,"和平性"揭示出"走和平发展道路"的实现方式。该方式不仅维护了国家利益、本土特色和自身主权,又为全球和平与可持续发展贡献了力量。中国坚持走和平发展的现代化之路,坚持共享机遇、共创未来,共同做大人类社会现代化的"蛋糕",努力让现代化成果更多更公平惠及各国人民,坚决反对通过打压遏制别国现代化来维护自身发展"特权"。可以说,中华文明形塑了中国式现代化的展开和推进方式,从而有效破解了西方现代化理论的迷思和超越了资本逻辑主宰下物欲泛滥的西方现代化痼疾。

最后,中华文明得以永葆活力,在于中国式现代化赋予其以现代力量。当然,中国式现代化本身就是可长可久的中华文明实现自我更新的必然结果,并非文明断裂的产物,亦新亦旧的保障是定期注入不同元素,亘古亘今的前提是时常能够汲取现代力量,这恰是中国式现代化进程题中应有之义。中国式现代化汲取中华优秀传统文化精华,用马克思主义真理力量激活中华优秀传统文化中富有生命力的优秀因子并赋予其新的时代内涵,推动中华优秀传统文化创造性转化、创新性发展,赋予中华文明以现代力量。是故,这是赓续古老文明的现代化,而不是消灭古代文明的现代化;是从中华大地长出来的现代化,而不是照搬照抄其他国家的现代化。

这从中华文明的突出创新性和包容性方面展现得尤为鲜明。"创新性"是中华文明始终保持生机活力的最突出特质。在漫长中国历史上,"创新性"如同一泉喷涌不绝的活水,承载着中华文明穿过一个个"历史三峡",即使百转千折,终究一往无前,实现了由传统向现代的转型与发展。"包容性"是中华民族最深层的文化心理与会通之法,保证了中华文明具备强大的容纳之量、消化之功和中和之道,推动着中华文明与世界文明展开良性的融合交流。

一方面,中华文明一脉相承,又不拘定法,这种生生不已、革故鼎新的创新思维深刻浸润于中国式现代化的理论创新与实践创新之中。在中华文明深厚基础上开辟和发展中国式现代化道路,其"创新性"的最大体现即把马克思主义基本原理同中国具体实际、同中华优秀传统文化相结合。"两个结合",不是停留在文献之中,更不是悬浮在理论观点之上,而是一个活生生的双向互动、具有创造性的系统建构,其终极结果是"造就了一个有机统一的新的文化生命体"。这个新的文化生命体即是中华民族现代文明,这本身就是中国式现代化未来图景中务将实现的关键硕果。

另一方面,无论是马克思主义,抑或中华文明,从不排斥一切真理体系、不轻视任何文明成果,不管它来自何时、来自哪里,只要是真理性认识和文明之结晶,都可以作为丰富和发展自己的养分。我们党和中华民族始终秉持拓宽理论视野的心态,以海纳百川的开放胸襟学习和借鉴人类社会一切优秀文明成果,在"人类知识的总和"中汲取优秀思想文化资源来创新和发展党的理论,形成兼容并蓄、博采众长的理论大格局大气象。

综上,历史文化传统是全面建成社会主义现代化强国和实现中华民族伟大复兴的基础。在这一波澜壮阔、关乎全局的进程中,中国式现代化的持续深化与中华文明的自我更新实际处于同一过程,属于相辅相成的一体两面。从现代化的角度来看,中华民族现代文明的建成既是现代化的善果,也是在现代化基础上孕育而生的硕果。故而建设中华民族现代文明与中国式现代化的目标是一致的,过程是同步的,中华民族现代文明是在中国式现代化基础上形成的文明,是中华文明的现代形态。

基于此,未来我们在统筹、协调中国式现代化与中华文明彼此关系时,有四方面问题须着力解决。第一,要广泛汲取世界各国追求现代化的历程中的一般规律和正反得失,知往方可鉴来。第二,要深入研究中华文明发展规律,这是习近平总书记在文化传承发展座谈会上首次提出的重大命题。第三,要加强中国式现代化理论体系的构建与提升,对实践中不断涌现的新鲜经验与挑战进行学理阐释和哲理提炼。第四,要更好地总结凝练发展中的经验与智慧,讲清楚中国是什么样的文明和什么样的国家,讲清楚中国式现代化是什么样的现代化,展现中华文明的悠久历史和人文底蕴,展现中国式现代化的世界价值,促使世界读懂中国、读懂中国人民、读懂中国共产党、读懂中华民族。

第五编

赓续文脉，返本开新

——不断培育中华民族文化根脉

着力赓续中华文脉，
深入推动"两创"发展

    文化关乎国本，文脉相连国脉。2023 年 10 月 7 日至 8 日，全国宣传思想文化工作会议召开，习近平总书记作出重要指示，明确提出"着力赓续中华文脉、推动中华优秀传统文化创造性转化和创新性发展"的要求。何谓"文脉"？广义来讲，是指一种文明在特定空间与一定时间中孕育而生、绵延不绝的历史与文化范畴，其上延下伸包含着极其广泛的内容。就我国而言，是指中华文明起源与演进的脉络，丰富多样的各类历史文化遗产是文脉的载体，它们涵括收藏在博物馆里的文物、陈列在广阔大地上的遗产、书写在古籍里的文字、传承在无数工匠身上的技艺。诸多遗产保留着弥足珍贵的中华文化基因，是中华民族的代表性符号和中华文明的标志性象征，是涵养社会主义核心价值观的重要源泉。

    文脉如此关键，当如何赓续传承？十八大以来，以习近平同志为核心的党中央给出了行之有效的答案：创造性转化、创新性发展。2013 年 11 月，习近平总书记在山东曲阜考察时开宗明义："一个国家、一个民族的强盛，总是以文化兴盛为支撑的，中华民族伟大复兴需要以中华文化发展繁荣为条件。对历史文化特别是先人传承下来的道德规范,要坚持古为今用、推陈出新,有鉴别地加以对待,有扬弃地予以继承。"之后,在多次中央政治局集体学习、重要座谈会上,习近平总书记接连提出要对中华传统美德、中华文化、中华文明进行创造性转化、创新性发展。2017 年 1 月 25 日,中共中央办公厅、国务院办公厅联合发布了《关于实施中华优秀传统文化传承发展工程的意见》,将"两创"作为实施该工程的基本原则。到了党的十九大,大会报告正式将"创造性转化、创新性发展"写入"坚定文化自信,推动社会主义文化繁荣兴盛"部分之中,意味着这一理论与实践路径趋于成熟。

十余载探索实践,"两创"方针开花结果。在党中央引领下,学界、理论界、各级政府与能工巧匠们共同献计献策、集思广益,通过改造形式、增补充实、完善规范、延展内涵乃至赋予新义等方式,实现了对中华优秀传统文化的转化与创新,从而积累了大致四个层次的经验。首先,"两创"的对象务求"小切口,深内涵,无需宏大叙事"。2021 年春节,一款由河南卫视制作的视频节目《唐宫夜宴》横空出世,破圈爆红,其后《洛神水赋》《龙门金刚》《女娲补天》等系列节目依然屡上热搜,好评如潮。究其实质,该节目以中国传统节日为载体,讲好了蕴含着家国情怀、文化密码的故事。其次,一旦节目、古迹、技艺等"火"出圈,自然引来源源不断的游客,这势必要求所在地"接得住,留得下,带来市场效益"。比如河南博物院借一系列热点节目之东风,依托自身丰富馆藏资源,研发出多种多样的文创产品,2021 年收入达 4000 万元。再次,盈利之外,"两创"更需要营造一种大众乐享传统文化的氛围,令体验者感觉"既自在,又自洽,产生主人翁感"。近些年来,"国潮""最炫民族风"在很多历史文化名城和民族元素汇聚之地流行。越来越多游客对经过改良的传统文化服饰、饮食以至艺术、礼仪的接受与喜爱，预示着"两创"的深层目标是希望大众不再仅是传统的旁观者、欣赏者，进而应化身参与者、创作者，让这些文化精粹有机融入寻常生活中。最后，更为关键的是，通过绵绵不绝的"两创"，要促使广大党员干部与民众对于中华优秀传统文化，做到"事上见，心中有，筑牢文化主体"。为贯彻习近平总书记关于"立政德"的要求，山东省设立了济宁政德教育干部学院。该机构依托当地深厚的历史文化资源，以深入阐释"立政德，就要明大德、守公德、严私德"为核心任务，数年来培训学员达 10 万余人，开创了极富特色的政德教育模式。党的二十大报告更将"推动明大德、守公德、严私德，提高人民道德水准和文明素养"写入文化建设部分。可见"两创"的核心宗旨是增强整个中华民族的主体意识，内生更为自觉的文化凝聚力，形塑强烈的文化主体性。

"两创"为提出"第二个结合"预作铺垫，"第二个结合"为深化"两创"提供理论基础。综上可知，作为一种具有普遍意义的方针，随着新时代伟大文化变革的推进，党中央对"两创"的力度、广度和深度亦愈益加大，在此基础上明确提出将"马克思主义基本原理同中华优秀传统文化相结合"便水到渠成、势所必然。同时，"第二个结合"又突破了"两创"的预设范畴，"两创"经由"第二个结合"势必扩展到道路、理论、制度等方面，不再局限于文化一域。换言之，作为马克思主义中国化时代化的重大成果，"第二个结合"反过来又为"两创"提供了正确的推进方向和理论基础。

成绩固然可喜，"两创"依旧艰巨。结合全国宣传思想文化工作会议精神，未来深入推动"两创"发展，有三方面工作值得关注。第一，全民族传统文化的平均水准尚需提升，尤其应着力培养广大青少年的文化认同与辨识能力。第二，要引导哲学社会科学界深入探究中华优秀传统文化中的具体概念、命题、思想,细致考察其流变、特色、范畴与当代价值,于激活传统、锻造新知中塑造更多的领军人物。第三,须及时提炼总结各地区诸领域"两创"的经验,用实践创新为理论创新提供源源不断的素材与资源。

中华文明起源与特质的中原样板

　　"中华文明源远流长、博大精深,是中华民族独特的精神标识,是当代中国文化的根基,是维系全世界华人的精神纽带,也是中国文化创新的宝藏。"加强对中华文明的起源、形成、发展的研究与阐释,是关乎国运兴衰、关系中华民族精神独立性的大问题。

　　中原地区是中华文明形成和发展的核心区域,这里不仅是夏商周三代文明的诞生之地,也在漫长的中国历史进程中保持着政治、经济与文化中心的位置。"中原"一词在历史文献中的亮相,应在春秋战国时期,特指河南省及其周边夏商周三代统治的中心区域,亦即现代意义上的狭义中原地区。降至两汉,中原这一概念逐渐扩大至代指整个中国北方黄河中下游的广袤地区,广义上的中原地区因之形成。依据考古资料,出土于陕西省宝鸡市的西周早期周王室宗族青铜重器"何尊",上面刻有"宅兹中国"的铭文,"中国"一词专指以河洛为中心的中原地区,由此推断,最迟在西周早期,将中原视为中心的观念已然形成并深入人心。

　　据现有考古研究所示,"以中原为中心"的历史发展趋势起始于新石器时代晚期。中国史前文明"多元一体"化的总体进程肇始于公元前4000年前后。这一时期,中原核心区以彩陶为特征的仰韶文化在文化面貌上表现出了空前的内部统一。在经过公元前3300年至前2500年的内部文化调整所带来的表面沉寂之后,至于公元前2500年至前2000年的龙山时代,中原文化区在博采广取周边文化素材的基础上二度爆发,至此"以中原为中心"的历史发展趋势最终形成。换言之,周边各区域文明兴起之后经历了衰落和流变,逐步汇聚到中原,距今4300年前后中原地区逐渐成为核心,至距今3800年前后,以二里头文化为代表的夏文化成为中华文明的核心与引领者。

由此可见,中原文化在空间上处在中心位置,连接南北,交通东西,内向融汇,外向输出,时间上从孕育到成熟的重要阶段都保持有相当规模强大的文化形态,如同枢纽一般,在周边文化聚散兴衰中起着定海神针的作用。这一区域的文明特色和文明因素不仅成为中华文明的典型代表,而且在中华历史的发展中代代相传,成为中华文明的主根主脉。考察与阐释中华文明的起源、形成、发展与特质等一系列问题,皆须将中原文化纳入视域之内,且作为重点关注样板。

众所周知,"文明"虽然定义甚多,但总体而言,是指某一特定的人类集群,或者指该人群所特有的生活方式。展开讲,文明是人类从较为原始的采集狩猎社会进入阶级社会、城市生活和国家阶段的产物,往往拥有较大的人口、经济规模和辽阔的疆域,也有可能涵括多个主权国家、民族或族群以及多种语言、习俗,同时有着特定的社会政治形态和宗教、哲学、文学、艺术样态。

这其中,有三项指标尤其值得措意。一是"文明规模"。一个文明必须基于特定自然条件和地理环境,从而得以拥有和孕育相应的人口数量、经济体量及疆域面积,同时产生与之匹配的精神成果且愈益积累,形成或强或弱的社会政治整合力、科技创造力和军事力量。

二是"人口规模"。这是指影响一个文明的规模性和总体能力的关键因素。具体而言,指在相同或相似价值观和社会政治认同的基础上形成凝聚力的大量人口,而并非处在一强权国家的统治下,价值观和社会政治认同并非一致的"臣民"。

三是"文化—技术能力"。顾名思义,这是指一个文明的精神成果的积累、社会政治整合能力、科技创造能力和军事力量的集合,与该文明数字意义上的规模性即人口数量、经济体量、疆域面积相对而言。

综上,回顾人类历史,往往"文明规模"、"人口规模"与"文化—技术能力"都相对充分的区域,其综合性的文明实力较强,且可持续绵延发展,因为它蕴含着得以长时段存在的总体力量与因素。以此架构审视中原文明的起源与形成,可得到一些印证与启示。

毫无疑问,中华文明在大部分时期都属于一种农耕文明。著名考古学家苏秉琦先生曾基于中国远古文化六大板块区系类型的理论体系,提出中国文明起源"满天星斗"的形象描述:"一时,中华大地文明火花,真如满天星斗,星星之火已成燎原之势。"不过中华文明的最为重要的发祥地或核心区域,非中原地区莫属,故另一位著名考古学家严文明先生将中华文明多元一体的发展进一步阐释为以中原为核心的"重瓣花朵"模式,中原是花心,围绕花心是甘青、辽河、山东、长江流域等第二层花瓣,再向外是第三层。

那么中原地区何以居于"花心"之位?这当与独特的地理格局密切相关。远古时代,中原地貌多为稀疏草原,与南美洲或东南亚的茂密热带雨林全然不同,亦迥异于受北大西洋暖流眷顾的西欧,更不是中南非洲遍地沙砾的状况。正基于此,中原地理格局大致除了覆盖野草、低矮灌木、乔木外,别无太多大型植被,于是只需采用较为简易的石器、骨器或木制工具,便能进行地表清除,进而有助于人类对野生植物的驯化与种植。农业便远在距今一万年前诞生于此。毫无疑问,农业的出现意味着人类所能支配的剩余产品比单纯依赖采集渔猎方式有了大幅度的增长,人类社群首度拥有产量大且稳定的剩余产品,这恰恰是文明诞生的先决条件。

与此同时,中原地区的气候条件也颇为独特。这一片幅员辽阔的平坦区域,降水量在时间和空间分布上皆不均衡。有学者预估黄河中下游地区在远古年均降水量有 600—900 毫米,低于类似胶东半岛区域年均 1100 毫米的水平,然而这并不会限制农业的发展、人口的增长。换言之,套用英国学者汤因比的文明史研究理论,这是一种总体上挑战性适度的自然环境。只要此地先民投入足够多的劳动,只要能努力开掘利用自身的体力及智力资源,他们便能生产出足够使用的生产及生活资料,即可生存延续。此情形或可视作中原文明自诞生便能较好发展壮大的根本原因。

当然,这样的地理格局并非只有优势,挑战亦是重重。与同样是古代文明发源地的古埃及、两河、印度河流域相较,中原文明所依托的黄河流域所带来的自然挑战更加严峻。自古以来黄河便不是一条安流。“善淤、善决、善徙”是黄河的特性,“三年两决口,百年一改道”更是它的真实写照。黄河之“黄”,源自沙土。自青海境内,黄河就进入了黄土高原,千万载来,浩荡巨流裹挟着无数黄沙,源源不断东流去。由于中游的河道狭窄、坡降大、流速快,因此泥沙不易淤积,而下游河道趋宽、坡降小、流速慢,导致大量泥沙堆积在沿岸河道里。于是,中原地区四季分明,夏日酷热,冬天极寒,实际上不是适宜农业生产的绝佳条件。加之黄河水患、平原地区矿藏较少,都给这里的先民造成了诸多困难。有挑战,但不至于扼杀文明,这意味着中原地区的先民们并不是活在一个舒适的环境当中,需要时时刻刻竭尽全力与大自然作斗争,才可能保证温饱。于此斗争中,他们所付出的不单单是日复一日的体力,还有代代相传的智慧、日积月累的精神。唯有施展与发挥个体主观能动性之极致,兼顾调节好个人之间、个人与群体、群体与群体、个人与群体、国家间的多层关系,个人、民族、国家、文明才有可能达到良善境遇,"修身齐家治国平天下"的理念由之而生,且发扬光大。

如此周而复始,稳定的农业发展,持续的人口增长,不断的智力供给,在与大自然的不懈交锋交融中,中原先民培育出了一种自强不息、百折不挠的可贵品质,这种品质与黄河黄土密不可分。黄土并不算得上多么肥沃,黄河也谈不上多么温和,只有人类的不懈努力,有一分气力放下去就出一分东西,放两分生出两分,不放就一无所有。自然而然一种近乎"实践理性"的思维方式逐渐形成:人类施加于外部世界的作用会有规律地产生结果;世间万物不仅因果相连,且这种关系是稳定的。于是中华文明从很早就逐渐淡化了有神论的思维模式,这也是为何"德行焉求福,故祭祀而寡""仁义焉求吉,故卜筮而希"等理念在先秦时期即开始流行的缘故所在。

进而言之,中原先民为了获取更大更好的生存空间,还需要一起向周边扩展,势必需要进行必要的社会力量和政治组织的整合,这自然也逼迫他们为了战胜或联合其他群体,在残酷的竞争中胜出,须养成一种集体主义精神,具备较为强烈的共同体意识,使得每位成员都清楚地认识到:个体只有充分融入到集体(该"集体"可以是家族、宗族或国家)之中,充分协调个人与个人、个人与集体的利益关系,充分依靠集体的智慧和力量,才能获得最大的生存与成长空间。易言之,在绝大多数情况下,群体越大,社会政治整合程度越高,国家越发达,个人与组织的生存空间和发展空间就会越大。这恐怕也是中原文明与西亚、两河、地中海文明极大不同之一。

至此，我们大概可以推断，正肇因于特殊的地理格局和相对艰辛的自然环境，中原先民与之密切互动，相伴相生，从而塑造了中华文明最基本的一些精神属性或文化基因：一种可以视为源自日常经验的具有鲜明实践理性底色的思维方式，其态度温文尔雅，其为人能屈能伸，其处事达至中庸，其治理和合共生，其生产吃苦耐劳，其生存百折不挠……恰恰与党的二十大报告中所列举的中华文明的智慧结晶（天下为公、民为邦本、为政以德、革故鼎新、任人唯贤、天人合一、自强不息、厚德载物、讲信修睦、亲仁善邻）——对应，说明千百载来，以中原文明为代表的中华文明塑造了中华民族的精神性格，这些可谓中国人的基本文化特质。

除却内在的探求，中原文明外在的拓展也值得瞩目。中原文明在那个时期，所占有的疆域面积、人口规模、经济体量乃至文化吸引力都是全球屈指可数的。首先还是先天的地缘优势。一方面，西北的戈壁与山脉将其他族群隔绝在外，东面的滔滔大海也在当时是任何外族不可跨越的天堑，于是中原当时不会面临类似古埃及、希腊、两河流域那样的频繁战争；另一方面，不光是黄河流域，中国境内的长江、淮河、海河、珠江等流域间并不明显阻隔，只要技术条件允许，可以实现内部互通。这种地理条件不仅对于出现先进生产力极为有利，同时对于华夏大地社会、政治与文化的整合也十分有利，使得华夏以中原为枢纽，早早就实现了政治统一，促使国家与社会治理早早达到了较高水准。因之，我们可以判断彼时的中华文明的"文明规模""人口规模""文化—技术能力"都是庞大而丰富的。其中，中原文明在中华文明的起源发展过程中具有向心性和引领性，没有中原文明，中华文明可能始终处于多元形态，中原文明的团和作用将多元的文明凝聚成一个整体,才有了中华数千年文明强势屹立于东方。中华文明起源形成过程中共有两次大的文明汇聚与扩张。一次是仰韶文化庙底沟文化阶段,这一时期仰韶文化吸收了大汶口文化、屈家岭文化等因素形成了强势文化,影响波及范围广大,促成了中华文明在一个广大范围的诞生。第二次是二里头文化的形成,融汇了山东龙山文化、晋南地区龙山文化以及石家河文化、良渚文化、齐家文化的部分内容,这种广纳博收造就了二里头文化的先进性和开放性特征,其文化影响跨越了地域界限形成了广域王权国家。

综上,立足对中原文明起源与特质的粗线条梳理,我们未来当加大对中华文明诸多问题的深入探讨。如怎样精准提炼以实践理性为特征的中国文化基因理念体系的概括与阐释,再如在研究起源方式、历程的过程性研究之同时,我们更要注重观念性、思想性、规律性等内在成因研究。要深刻认识天人关系、人地关系、人水关系、人人关系的交互复杂演进,深刻认识中华文明发展规律和民族生存延续的密码,在对文明研究的过程中建立起具有自身特色的价值体系、理论体系、话语体系。

处未明觅文明

说来极其惭愧,2021 年底在给《博览群书》新年一组稿件撰写导语时,我曾倡言:"2022 年,仍须读书。"然这一年竟如此莫名其妙(窃以为"不知不觉"一词不足以形容该种感觉)地走到了结尾。努力回想,刚刚逝去的壬寅年,似乎读了一些书,又因为各种形势迭变和思绪起伏,搞得自己对过眼书籍印象甚浅。我绞尽脑汁,粗粗理出了个人的阅读轨迹,试用六个字概括:"处未明觅文明"。

年初,颇为冒昧地向广西师大出版社的刘隆进兄处讨的李怀印先生新著《现代中国的形成:1600 — 1949》。对于该书,我心慕许久。一气读完,深深钦佩此作的创新意义与作者的整合能力。依据"1840 年鸦片战争以后,中国逐步成为半殖民地半封建社会,国家蒙辱、人民蒙难、文明蒙尘,中华民族遭受了前所未有的劫难"的重大论断,这实为我们把握近代史给出了很好的考察角度。倘从近代中国所要实现的迫切目标来看,国家蒙辱意味着须由弱转强,人民蒙难意味着须转危为安,文明蒙尘意味着须振衰而兴。换言之,积贫积弱的中国面临着国家重建、民族再塑与文明更新的三大重任。李著在一定程度上对解答以上三大问题提供了非常好的参考。

站在新的历史方位上,如何看待这一段并不遥远的过往?诚如作者所言:"欲重新认识现代中国,有必要从过去宏大历史叙事的窠臼及'碎片化'的泥潭里解放出来,站在新千年的全球地缘政治的高度,重新探究对今日中国的历史认识最具挑战性的问题。"毕竟以今视古,中国近现代史,是中国朝着现代主权国家转型的历史,其时空跨度与内在架构都是极其宏远甚或繁复,以至于往昔学界所惯用的革命史模式、现代化模式等叙事路径都不足以将这一脉络书写清晰。

基于这一强烈的问题意识,李怀印先生在其新著中进行了非常有益的探索。我以为最为关键的,有如下三点。其一,立足中国的历史实际,对西方既有国家建造的历史经验进行了很是必要的反思。按照李著的提炼,自1600年以来,中国的最大特征便是既"大"且"强",亦即超大规模的领土和人口,与一个高度强势的政府体制之间的独一无二的结合。该概括对于我们理解现代中国的自身独特性与主体性颇有价值。其二,中国的"现代"如何可能?李著给出了解析这一历史过程的三个关键环节,即明清以降再造的多族群的疆域国家、通过变法革新融入近代世界国家体系以及实现国家重建及整合改造中国为一个高度集中、统一的现代国家。由之延伸,李著提供了一个很有参考价值的分析架构:地缘政治环境+财政军事实力+政治认同。毫无疑问,此种研讨路径紧紧抓住了近代国家转型的枢纽所在,从而引发了一系列重要议题的展开。

李怀印先生将一直以来海内外对于现代中国的转型研究称为民族国家的"迷思",可谓形象。中国的历史传统与文明根性恒久是理解中国之为"中国"的根本,恰如书末的观点:"那些移植自国外的任何理念和模式,最终不得不让位于植根于中国自身传统和资源的内在动力和逻辑。"一言以蔽之,历史的结论归根结底还需在历史的进程中去把握。

　　受李著启发，追溯中国的现代历程，必须要具备一种回看的视野。而一旦进入该境遇，便愈发意识到理解中华文明根性的重要性。如何理解文明，无疑是横亘在我面前的一大课题。脑中浮现该念头时，已是四月末，京城的一轮严重疫情已近在眼前。居家期间，我开始阅读英国著名历史学家阿诺德·汤因比的《历史研究》。十几年前，我便购得此书，可惜认真研读却是在新冠疫情纷扰之际，人书之间，往往仍须看机缘。这本书着实厚重难懂，非常考验读者的知识积累与涉猎范围，足足读了两个月，我方大致将这部"试图将人类史当作一个整体来加以考察"的典范论著啃完，虽说不免尚存茹毛饮血之意味。让我饶有况味的是，汤因比在述及中华文明时，颇有几分疑惑，"在1911年以后，中国经历了又一次分裂，这种局面在1949年随着一个新的、由共产党领导的统一政权的建立而告结束。但我们无法断定，这种引进外来西方思想的做法不会给中国带来一次决定性的中断，引起中国政治结构的转变。因此我们也无法预测，我们熟悉的统一与分裂往复循环的老套路，是否将继续以传统的方式发挥效用"。毕竟"中国的未来是难以捉摸的"。不难看出以汤因比为首的西方学者，在彼时是既欲认识中国，又难以真正把握中国。倘汤氏泉下有知，倒不妨拿《现代中国的形成：1600—1949》一读，恐怕可释去不少困惑。

　　当然，眼下国人，亦未必真正理解自身文明之来龙去脉。故8月初，我又将苏秉琦先生的《中国文明起源新探》重温一过。苏老这部书成于其晚年，很多观点与断想皆是毕生学术积淀所闪耀的思想火花，比如"解悟与顿悟"、"条块说"、"满天星斗"、"三部曲与三模式"及"双接轨"，无论是专业考古学人，还是像我这般的门外汉，读来都不觉隔阂，且每每被其睿智的论断所折服。透过文字，我隐约感知到临近生命尾声的苏老,"是把寻找中华古文明的民族灵魂和精神支柱,作为思考的重心"。

众所周知,中国现代考古学走过了八十多载栉风沐雨、薪火相传的发展历程,成就固然巨大,然瞻远而观,要把考古学同历史学、人类学真正结合成一体,可能还要经历相当时间,但把这三大学科融会贯通来"重建中国远古时代",必定是本世纪最为重要的课题。我是历史学出身,自然觉得虽学养匮乏,但此等事业也应多加关注。恰如前言所及,世上的事,常非碰巧,而是机缘。八月份,趁疫情稍缓,我月初先是举家赴山东出行,走了一遭。当一个炎热的上午在曲阜孔庙参观时,我抬头远望大殿上的屋檐雕饰,众神驭兽,勾心斗角,瞬间我意识到中华文明自孔子出现后,俨然与之前有别。换言之,孔子标记了一种文明时间。坦率地讲,我每年都要来曲阜多次,即使疫情期间亦未间断,但此等顿悟,确是这次外出的意外收获。

到了下旬,又因公务赴河南考察,这次收获更大。以河南为主的中原地区是中华文明形成和发展的核心区域,这里不仅是夏商周三代文明的诞生之地,也在漫长的中国历史进程中保持着政治、经济与文化中心的位置。"中原"一词在历史文献中的亮相,应在春秋战国时期,特指河南省及其周边夏商周三代统治的中心区域,亦即现代意义上的狭义中原地区。降至两汉,中原这一概念逐渐扩大至代指整个中国北方黄河中下游的广袤地区,广义上的中原地区因之形成。依据考古资料,出土于陕西省宝鸡市的西周早期周王室宗族青铜重器"何尊",上面刻有"宅兹中国"的铭文,"中国"一词专指以河洛为中心的中原地区,由此推断,最迟在西周早期,将中原视为中心的观念已然形成并深入人心,因而尤其值得深入研究。一路走下来,我个人最大的感受便是知识恐慌与理论匮乏。如何用文明研究的理论方法来审视中华文明的主根主脉？此问题在我心中盘旋不散。

于是，我买来阮炜老师的《文明理论》，试图从中寻求答案。此书不厚，且付梓较早，之后不断有所增改。阮老师以为，考察文明，有三项指标尤其值得措意。一是"文明规模"；二是"人口规模"；三是"文化—技术能力"。回顾人类历史，往往"文明规模"、"人口规模"与"文化—技术能力"都相对充分的区域，其综合性的文明实力较强，且可持续绵延发展，因为它蕴含着得以长时段存在的总体力量与因素。以此架构考察中原文明的起源与形成，可得到一些印证与启示。当然，阮老师有关文明研究的著作是一个书系，共计十种，这够我今后看一段时间的。

待读完《文明理论》一书时，已届秋末，新一轮京城疫情再度暴发，且防疫政策也在此后出现重大调整。于此特殊时期，除了维持好日常生活，我的文明阅读也略有转向，在年末翻出美国学者贾雷德·戴蒙德的经典作品《枪炮、病菌与钢铁：人类社会的命运》，希冀从更为硬核与开阔的角度理解人类所身处的这个未知大过已知的星球。

诸上，即我 2022 年的阅读大概，较之往年，堪称断断续续、难言深入。不过，借助这几本著作，愈发坚定了我的判断：深处一个剧变不已且前景未明的时代，我们理当在深研诸多文明中来把握人类之未来。每个人的生命终究是极短的，但我们的文明是绵长的，参透了文明三昧，便意味着我们个体的文化生命便在这种自觉延续中被无形拉长了。此过程，或即"处未明觅文明"。

用文明照亮复兴

如果没有中华五千年文明,哪里有什么中国特色?如果不是中国特色,哪有我们今天这么成功的中国特色社会主义道路?我们要特别重视挖掘中华五千年文明中的精华,弘扬优秀传统文化,把其中的精华同马克思主义立场观点方法结合起来,坚定不移走中国特色社会主义道路。

2021 年 3 月 23 日习近平总书记在福建考察朱熹园时的重要论断言犹在耳,2022 年 5 月 27 日下午,十九届中央政治局第三十九次集体学习又就高度重视的深化中华文明探源工程进行了专门研讨,习近平总书记发表了信息量大且意味深长的长篇重要讲话。

中华民族历史悠久,中华文明源远流长,中华文化博大精深。党的十八大以来,以习近平同志为主要代表的中国共产党人极为重视对自身历史的探究、自身文明的追溯与自身文化的弘扬。尤其自 2019 年 1 月 2 日习近平总书记致中国社会科学院中国历史研究院成立的贺信迄,党中央多次就相关问题进行专门讨论或发出指示,代表性文献如习近平总书记在教育文化卫生体育领域专家代表座谈会上的讲话(2020 年 9 月 22 日)、在十九届中央政治局第二十三次集体学习时的讲话(2020 年 9 月 28 日)、给《文史哲》编辑部全体编辑人员的回信(2021年5月9日)等。加上2022年5月27日十九届中央政治局第三十九次集体学习,两份信函、两次学习和一次座谈,可见以习近平同志为核心的党中央对中国文明历史研究始终念兹在兹、一直高度关注。

认真研读习近平总书记此次讲话,可谓立意深远,很明晰地强调了中华文明在当代中国的价值与意义。

首先,中华文明甚为重要。在这次讲话中,习近平总书记特意对中华文明的当代价值给出了最新概括:"中华文明源远流长、博大精深,是中华民族独特的精神标识,是当代中国文化的根基,是维系全世界华人的精神纽带,也是中国文化创新的宝藏。"这应是党中央首次对中华文明从四个方面给予概括,既体现了一直以来的基本观点,同时又赋予了新的内涵。"独特的精神标识"意在凸显中华文明的象征意义。其蕴含的思想观念、人文精神、道德规范,形塑了中国人思想和精神的内核,构筑了中国人看待世界、看待社会、看待人生的独特价值体系、文化内涵和精神品质,这是我们区别于其他国家和民族的根本特征,也铸就了中华民族博采众长的文化自信。"当代中国文化的根基"贵在强调中华文明本源作用。无论是坚持马克思主义的根本指导思想,还是传承弘扬革命文化,发展社会主义先进文化,皆须从中华优秀传统文化中寻找源头活水,其所深蕴的文化传统,早已形成了富有特色的思想体系,体现了中国人几千年来积累的知识智慧和理性思辨,这是我国的独特优势,这是我们在世界文化激荡中站稳脚跟、屹立不倒之本;"维系全世界华人的精神纽带"重在体现中华文明的深沉影响。它属于根植在全球华人彼此内心深处共同的精神财富,好比是"根"和"魂"一般,也是血脉相连、心灵契合的文化基因,可谓共同的精神家园。人与人之间的交流,最重要的是心灵沟通。全世界华人要以心相交、尊重差异、增进理解,不断增强文化认同,所凭依的唯有不言自明的中华文明。"中国文化创新的宝藏"仍在倡扬中华文明的永恒活力。应当承认,中华文明与社会主义市场经济、民主政治、先进文化、社会治理等还存在需要协调适应的地方。弘扬中华优秀传统文化,要处理好继承和发展的关系,重点做好创造性转化和创新性发展。创造性转化,就是要按照时代特点和要求,对那些至今仍有借鉴价值的内涵和陈旧的表现形式加以改造,赋予其新的时代内涵和现代表达形式,激活其生命力。创新性发展,就是要按照时代的新进步新进展,对中华优秀传统文化的内涵加以补充、拓展、完善,增强其影响力和感召力。标识是特色,根基是底色,纽带是本色,宝藏是成色,此即中华文明最新概括的内在逻辑所在。

其次,中华文明甚为独特。正如习近平总书记所指出的,"在漫长的历史进程中,中华民族以自强不息的决心和意志,筚路蓝缕,跋山涉水,走过了不同于世界其他文明体的发展历程"。中华文明是在中国大地上产生的文明,亲仁善邻、协和万邦是中华文明一贯的处世之道,惠民利民、安民富民是中华文明鲜明的价值导向,革故鼎新、与时俱进是中华文明永恒的精神气质,道法自然、天人合一是中华文明内在的生存理念,"讲仁爱、重民本、守诚信、崇正义、尚和合、求大同"内化为异于其他文明体的精神特质和发展形态。

最后,中国文明甚为关键。正因为中华文明植根于中华大地,具有独特文化基因和自身发展历程,且同世界其他文明交流互鉴中兼容并蓄,故得以持续与时代共进步,葆有旺盛生命力。我们坚定不移走中国特色社会主义道路、完成全面建设社会主义现代化国家的远景目标和实现中华民族伟大复兴的中国梦,都离不开中国文明历史的深入研究,这是阐明中国道路的文化底蕴和理论支撑,亦是"促使世界读懂中国、读懂中国人民、读懂中国共产党、读懂中华民族"的基本依据。申言之,这要求我们要具备敏感且强烈的文明意识与历史自觉,在高远宏阔的文明视阈中来把握中国的道路演进、未来远景、历史使命及与世界文明的关系。

中华文明探源工程正是对中国文明起源与早期发展进行多角度、多层次、全方位综合研究的重大项目。长期以来,对于我们引以为荣的5000多年的中华文明史,学术界面临众多有待攻关的重大课题:具有悠久历史的中华文明是如何起源的? 它经历了怎样的发展历程? 为什么会经历这样的发展历程? 中华文明的起源与发展有何特点? 为什么会形成这些特点? 促使文明起源和发展的动力是什么? 作为中华文明主要物质内涵的科学技术发明和创造与精神文化的发展的具体状况如何? 整整20年来,几代学者矢志不渝、接续而前,中华文明探源工程等重大工程的研究成果,实证了我国百万年的人类史、一万年的文化史、五千多年的文明史,对中华文明的起源、形成、发展的历史脉络,对中华文明多元一体格局的形成和发展过程,对中华文明的特点及其形成原因等,都有了较为清晰的认识。该工程的总方针,强调以考古学为基础,多学科联合攻关,在充分吸取前人的研究成果的基础上,对中国文明起源与早期发展进行多角度、多层次、全方位的综合研究,对中华文明的早期历史进行科学的论证,充分揭示早期中华文明的丰富内涵和辉煌成就,回答中华文明形成的时间、地域、过程、原因和机制等基本问题。在此基础上,扩展视野,探讨中华文明与周边地区文明化进程的互动,进而通过与世界其他古代文明的比较研究,总结早期中华文明的特点及其在人类文明发展史上的地位,并进而对人类文明的研究和人类社会发展进程作出中国学者应有的贡献。习近平总书记特意强调，"中华文明探源工程提出文明定义和认定进入文明社会的中国方案，为世界文明起源研究作出了原创性贡献"。当然，尚需清醒认识到，已有成果还是初步的和阶段性的，还有许多重大问题有待破解，比如，因缺乏足够的文字记载，夏代史研究还存在大量空白；又如"三皇五帝"等史前人物，是神话传说还是确有其人？这都需要密切考古学和历史学、人文科学和自然科学的联合攻关，拓宽研究时空范围和覆盖领域。

遵循讲话精神，放眼未来，走向深入的中国文明历史研究，在既有成就基础之上，应着力把中华文明起源研究同中华文明特质和形态等重大问题研究紧密结合起来，注重中国特色、中国风格、中国气派的文明研究学科体系、学术体系、话语体系的建设，为人类文明新形态实践提供有力的学术资源和理论支撑；要坚持守正创新，推动中华优秀传统文化同社会主义社会相适应，从历史和现实、理论和实践相结合的角度深入阐释如何更好坚持中国道路、弘扬中国精神、凝聚中国力量；弘扬中华文明蕴含的全人类共同价值，推动构建人类命运共同体，"讲清楚中国是什么样的文明和什么样的国家，讲清楚中国人的宇宙观、天下观、社会观、道德观，展现中华文明的悠久历史和人文底蕴"。

讲好"北京中轴线"的
历史文化遗产故事

近年来,北京中轴线文化遗产保护工作颇为引人注目。2022 年 10 月 1 日,《北京中轴线文化遗产保护条例》正式实施。时隔两月,《北京中轴线保护管理规划(2022 年—2035 年)》也已公示。与此同时,中轴线周边的一批重点文物完成腾退,正阳门城楼和先农坛神仓修缮工程均按计划稳步进行;先农坛庆成宫住户腾退项目补偿方案重新调整完毕;国立蒙藏学校旧址文物保护修缮工程完工。可见,当前已进入中轴线申遗工作的冲刺阶段,2023 年 1 月我国正式向联合国教科文组织世界遗产中心提交申遗文本。

众所周知,北京中轴线是构建明清北京城营造体系的重要基准,是传统中国政治与礼制文化的物化载体,也是彰显 5000 多年中华文明演进轨迹的活态标本。换言之,北京中轴线是中国历代都城布局的交汇线,亦是中国核心文化基因的延长线。

《吕氏春秋》有云:"古之王者,择天下之中而立国,择国之中而立宫,择宫之中而立庙。"我国先民遵"尚中"为至高价值法则,在都城营建制度上自然体现为"择中建都"、"择中建宫"与"择中建殿"。据考古发现,当前所见保存相对完整的最早都城是夏代都城二里头遗址。该遗址之宫城即在都邑的"居中"位置。环绕宫城周围设有贵族居住区等官营手工业区与祭祀区。这是"择中建宫"的城邑空间布局之最早体现。此后绵延数千年,古代城邑建设规划中"尚中""择中"之价值取向与营建制度愈发凸显。汉代长安城的"未央宫"初现中轴线格局,降至唐代长安城中轴线更为严谨、规整。古代都城营建制度的逻辑由此渐趋清晰,即以位居都城中央、皇城中央、体现国家政治中枢的正殿为建设基点,再由此连接宫城正门、都城正门,进而形成都城的中轴线。故肇始于元大都的北京中轴线,历经700余年、多个不同历史时期的营造改建,综括宫殿坛庙、御道街市、城门城楼、山水桥梁、报时建筑、纪念碑、纪念堂、广场等一系列古代皇家建筑、城市管理设施和居中道路,从永定门到钟鼓楼,诸多重要设施各有其名,各具其性,各居其位,各兼其用,可以说它们既是独立个体,又彼此交汇相关,实是一个遥相呼应、相得益彰的整体。无怪乎梁思成先生当年赞叹:"有这样气魄的建筑总布局,以这样规模来处理空间,世界上就没有第二个!"

依据联合国教科文组织大会1972年通过的《保护世界文化和自然遗产公约》,世界文化遗产专指有形的文化遗产,主要包括古迹、建筑群、遗址三种类型。在公约框架下,文化遗产要以项目的方式通过专门的程序申报,唯有符合相关规定,经由审查和审议通过后,方有资格列入世界文化遗产名录。可知北京中轴线如要成功入围世界文化遗产,须确定一个名称,明确其形态与构成要素,且须对标世界文化遗产项目的六条"突出的普遍价值",确定其突出的普遍价值,并根据公约采取相关保护行动。如此审视,北京中轴线不单是一条"虚"的空间之轴,也是一项"实"的文化遗产之线,其中蕴含着丰富深厚的中国核心文化基因。顾名思义,中轴线首要"尚中"。

"中也者,天下之大本也",此即中轴线设计与营造之灵魂。遵此准则,中轴线不仅框定了都城营造的重要基准,且巧妙蕴含着儒家的"中庸之道""不偏不倚"等理念。明清两代先后在北京城外南、北、西、东分设天、地、日、月四坛,其与宏大的宫城一起,拱卫皇宫,愈发昭示了紫禁城的"中央"位置,隐含着皇权至尊的意识形态色彩。其次"贵和"。"和也者,天下之达道也。"中国传统文化历代主张以和为贵,意味着强调天地万物和谐共生、主张社会秩序与治理系统稳步运行。此理念在紫禁城中多有体现。如清初重建外朝三大殿,改名曰太和、中和、保和,体现了统治者渴望长"和"不衰的目标。此外,还有太和殿前庭院通向东华、西华的两门,清代改为协和门、熙和门等,无不展现出君惠臣忠、国泰民安的愿景。再次"秉正"。"政者,正也。"这句古训,深深地影响着中轴线的建筑理念,甚至构成了一条隐伏的指导原则。如中轴线上高耸的不少正门其实并不具备实际使用功能,而是让"中央"以庄重肃穆且直截了当的方式出场,给人一种视觉上的仪式感和压迫感,于是臣民对国家政治权威由敬畏到认同的过程,便在如此空间视觉效果中得以展开并强化。最后"求新"。北京中轴线之所以是中华文明演进轨迹的活态标本,就在于自创建伊始,便处于与时偕行的状态中,未曾僵化。尤其是近些年来北京城市规划的变革赋予了中轴线勃勃生机与全新内涵。被著名历史地理学家侯仁之先生视为北京城市建设三个里程碑之一的国家奥林匹克体育中心,正是坐落在中轴线向北延长线上,其后北京奥林匹克塔、奥林匹克森林公园、国家会议中心、中国共产党历史展览馆、中国历史研究院、中国科学技术馆等重要建筑接续而起,同样沿中轴线延长地带进行布局。放眼未来,更多的标志性建筑在沿线的兴起,势必会更加增强中轴线无可替代的枢纽意义。

　　党的二十大报告着重提出,我们要"坚守中华文化立场,提炼展示中华文明的精神标识和文化精髓,加快构建中国话语和中国叙事体系,讲好中国故事、传播好中国声音,展现可信、可爱、可敬的中国形象"。北京中轴线的保护与申遗工作,恰就是当前提炼与展示中华文明的精神标识,从而向全世界讲好历史文化遗产故事的生动实践。当然我们应清醒认识到,这是一项功在千秋且非常艰巨的系统工程,需要我们既要善于挖掘自身的文化精髓,展示中国智慧,同时又当全力关注"他者"的接受方式与心态,主动设置议题,终将这条承载着厚重都城布局的交汇线与蕴藏着核心文化基因的延长线,塑造成令全世界刮目相看的风景线。

"山水登临之美，人物邑居之繁"

　　2023年9月23日，在杭州第十九届亚洲运动会开幕式欢迎宴会上的致辞中，习近平总书记特意引用古代名句"山水登临之美，人物邑居之繁"，以形容杭州这座锦绣繁庶的城市，因自然与人文合璧，传统与现代辉映，故享誉世界千年而不坠。

　　此句出自散文名篇《有美堂记》，乃北宋大儒欧阳修之妙手文章。提及该作，颇有两层殊堪交代且玩味之处。其一，此文并非欧阳氏兴之所至而撰，实为应酬之作。求文之人是北宋诗人梅挚，其生平虽谈不上煊赫，但为人耿直，《宋史》评价他"性淳静，不为矫厉之行，政迹如其为人"。梅氏曾与欧阳修、王珪等朝臣一道于嘉祐二年（1057年）"同知贡举"，作为主考官选拔出苏轼、曾巩、苏辙等一批后起翘楚，堪称彼时文坛一大美谈。同年，梅挚赴杭州任职。宋仁宗亲自为他作诗《赐梅挚知杭州》饯行，首联即写道："地有湖山美，东南第一州。"可见杭州之繁华富庶，在当时已是天下共识。考诸典籍，杭州之兴，始于隋唐。据《乾道临安志》载，唐贞观中期，杭州户口已达十一万人，到白居易所生活年代，"江南列郡，余杭为大"。唐末五代，于钱氏治下，两浙独享晏然平安九十余载，渐呈超越临近金陵、苏州之势。加之海岸石塘的修筑、城区运河的整治、市舶司的设置、手工业的兴盛等设施保障与业态多元，杭州可谓乘上发展快车道，无怪乎宋初词人柳永笔下的杭州，竟是"东南形胜，三吴都会，钱塘自古繁华。烟柳画桥，风帘翠幕，参差十万人家"之盛况。为表达对天子赐诗之感激，梅氏在吴山顶上建造了用于览胜赏景的"有美堂"。在此堂楼上，举目东南，浩瀚钱塘江与无数舟楫尽收眼底；掉头西北，杭州城内的万家灯火与熙攘人流一览无余。正所谓"山水登临之美，人物邑居之繁，一寓目而尽得之"。

其二，欧阳修创作此文时，既未游历过杭州，更不曾造访有美堂，属于"闭门造车"。然作为北宋一代文坛盟主，欧阳修自能构思匠心独具，落笔出人意表。文章开篇，欧阳氏笔调平缓，寥寥几句讲清楚仁宗赐诗、梅氏建堂、数度索文之过程。于是笔锋一转，避实就虚，漫谈天下美景不外乎两类，一类是自然山水之美，一类为都市繁华之美，"盖彼放心于物外，而此娱意于繁华，二者各有适焉"，但却往往不可兼得。比如罗浮、天台、衡岳、洞庭之广，三峡之险，如此号称"东南奇伟秀绝者"，都位于小邑僻壤。根据作者的见闻，彼时"四方之所聚，百货之所交，物盛人众，为一都会，而又能兼有山水之美，以资富贵之娱者"，唯有金陵与钱塘。然金陵屡遭战火，徒留"颓垣废址，荒烟野草"，览者无不"踌躇而凄怆"。采取这般对比映衬的手法，由远及近，从大到小，最后将叙述重心落在钱塘，"钱塘兼有天下之美，而斯堂者又尽得钱塘之美"，主旨至此方才揭晓。通览全文，抑扬起伏，气韵流动，于平易中见结构之严谨，欲出一段正意，先作一段相形，相形得起，方出落得透，极尽铺垫层折之法，正如明代学者唐顺之所论："如累九层之台，一层高一层，真是奇绝。"借助欧阳修的宏大铺陈，更能了解历经数百年的发展，北宋时的杭州已是冠绝东南的工商业经济发达而兼备山水之美的城市，引领当时社会变迁之潮流。自然景观与都市文化景观相映成趣、互为依存,并承载着普通人的日常生活,欧阳修虽"虚景成文",却揭示出杭州城千年一贯的"实相"。

还看今朝之杭州,山水登临依旧秀美,人物邑居愈发繁盛。这里的人文底蕴更加丰厚。20多年来,在"八八战略"指引下,杭州的物质文化遗产与非物质文化遗产得到了全面的保护与弘扬。2002年,西湖成为国内首个免费开放的5A级景区,西湖和京杭大运河(杭州段)综合保护工程启动。2011年以来,西湖、大运河和良渚古城遗址先后列入《世界遗产名录》,杭州成为国内屈指可数的"三世遗"城市。典籍中的杭州、文物中的杭州、遗迹中的杭州、创意中的杭州,这座历史文化名城的根和魂被激活唤醒。

这里的生态文明建设日新月异。绿,是杭州的不变底色。2020年3月29日至4月1日,习近平总书记在浙江、杭州考察时强调,要把保护好西湖和西溪湿地作为杭州城市发展和治理的鲜明导向,统筹好生产、生活、生态三大空间布局,在建设人与自然和谐相处、共生共荣的宜居城市方面创造更多经验。党的十八大以来,杭州通过"五水共治""五气共治""五废共治"等组合拳,让碧水蓝天常驻此地,江、河、湖、海、溪"五水贯通"使此处灵动温润。联合国人居奖、中国最具幸福感城市、国际花园城市、国家森林城市等称誉自然纷至沓来。

这里的科技创新突飞猛进。2016年9月3日,在二十国集团工商峰会(B20)开幕式上,习近平主席向世界隆重推介杭州:这"是创新活力之城,电子商务蓬勃发展,在杭州点击鼠标,联通的是整个世界"。经过20年的深耕,杭州培育了梦想小镇、云栖小镇,获批国家新一代人工智能创新发展试验区,汇集了西湖大学、之江实验室、超重力离心模拟与实验装置等一批新型科研机构，培育了阿里巴巴、海康威视、网易等一批数字经济领军企业。2022 年全市生产总值达 18753 亿元，经济总量位居全国省会城市第四。

这里的国际风范与日俱增。"杭州不应当仅仅是浙江的杭州、中国的杭州，也应当是亚洲的杭州、世界的杭州，杭州要有世界一流的标准、世界一流的业绩、世界一流的胸襟和气魄，努力成为世界一流的现代化国际大都市。"早在 2007 年，习近平同志就对杭州提出了"四个杭州、四个一流"的殷切期望。2015 年 9 月 16 日，杭州获得第 19 届亚运会举办权，成为继北京和广州之后第三个举办亚运会的中国城市。2016 年，二十国集团领导人相聚杭州，共商世界经济合作大计，发表了杭州宣言。

千年后的杭州，山水之美，人文之盛，生态之好，科技之新，且为世界呈现了一届"中国特色、亚洲风采、精彩纷呈"的体育盛会，此情此景已非欧阳修先生妙笔所能道尽。相信未来之杭州乃至浙江，将始终勇立潮头，在科技创新上走在前列，在推进共同富裕中先行示范，在深化改革、扩大开放上再续辉煌，在建设中华民族现代文明上积极探索，奋力谱写中国式现代化浙江新篇章。

带着文化情怀守护长江

　　"大江来从万山中,山势尽与江流东。"万里长江,似舞动巨龙,自雪山而来,由北而南,穿梭于羌藏滇黔峰峦之间,忽又东折入川,汇纳巴蜀众江,挟活水冲决千山万壑,迎来"千里烟波,暮霭沉沉楚天阔",后流经吴越繁华沿线,终倾入东海不复回。壮美长江,又如生命摇篮,藉180多万平方公里之丰厚沃土,涵括出千类生态,孕育了万种生物,滋养着世代中华儿女,于今朝,东部长三角一体化腾飞;中部长江中游城市群崛起;西部成渝地区双城经济圈勃兴,生机愈发勃勃,气象更加万千。同时,悠悠长江亦是文明水脉,2020年11月,习近平总书记指出:"要保护传承弘扬长江文化。长江造就了从巴山蜀水到江南水乡的千年文脉,是中华民族的代表性符号和中华文明的标志性象征,是涵养社会主义核心价值观的重要源泉。"长江,既是经济发展的载体,是生态文明的整体,也是中华文明的重要母体、中国文化的一大主体和华夏历史的延续本体。这提示我们:要带着赤诚而深沉的文化情怀守护这条涵养中华民族共有家园的精神巨流。

　　浩荡长江,构成了半部中华文明史。近代学者梁启超先生曾言:"中国何以能占世界文明五祖之一。则以黄河扬子江之二大川横于温带,灌于平原故也。"长江作为干流长度居亚洲第一、世界第三的大河,地处的亚热带北沿,恰在北纬 30 度线附近,这被世界文明研究界誉为"人类文明发生线"。此线横贯孕育了四大文明的几条河流:尼罗河、幼发拉底河和底格里斯河、印度河,以及辽阔的长江。凭此特征,长江具备得天独厚的自然优势,西部的青藏高原将来自太平洋的温暖湿润东南季风挡在东面,使得沿线降雨可谓丰沛,全流域年均降水量达 1126.7 毫米,充足降水与丰富热能使其兼有文明发展的两大条件。由是文明在大江沿线次第展开,其文化发生时限与黄河流域接近,水准也不亚于后者。正因两大流域的文化起源不同、模式相异且平行发展,故呈现出独特的样貌。从新石器时代到青铜时代,以上、中、下三游为界分,长江文化各流域亦是各自发展,循着三星堆文化 1－4 期,彭头山文化—城背溪文化—大溪文化—屈家岭文化—石家河文化,河姆渡文化、马家浜文化—崧泽文化—良渚文化的序列演进。其中良渚古城遗址印证了彼时中国已迈入文明的门槛,三星堆遗址则是中外文明交流互鉴的典型案例。

磅礴长江,孕育了多彩中华文化史。具体而言,长江文明是由流域内不同地区的不同族群所塑造的,自然形成了丰富多彩的区域文化。倘细加列举,可大致分为羌藏、滇黔、巴蜀、荆楚、湖湘、赣皖和吴越七个文化区,它们各具特色,亦不断交融互促,不仅成为中华文化不可或缺的一部分,且通过海上丝绸之路辐射域外,为中华文化圈之构成作出了重要贡献。比如西藏自治区那曲市安多县的长江源头区域早在石器时代就已有人类生产生活,长江流域青海段涉及区域共计有文物资源 546 处,证明早期人类一万年前开始登上高原,拓展生存空间;再如重庆龙骨坡遗址是东亚地区迄今发现的时代最早的史前文化遗址,实证了三峡地区百万年的人类史,安徽省马鞍山市含山县的凌家滩遗址以其出土的 1100 余件高规格玉器和 5000 多年前的碳化稻壳留存,诉说着一个源自长江下游远古文明的久远故事。

绵延长江,书写了恢宏古今中国史。众所周知,综观中国历史,很长一段时期,黄河流域的经济文化发展水平是高于长江流域的。然自东汉末年始,随着众多因素的叠加,中国的经济文化重心渐趋南移,长江的地位愈益凸显。"自永嘉丧乱,百姓流亡,中原萧条,千里无烟,饥寒流陨,相继沟壑。"西晋永嘉之乱,引发了北方士民的第一次南迁浪潮。几百载后的安史之乱使得北方再遭兵燹浩劫,也带来第二次南迁现象,甚至李白曾在诗中比喻"三川北虏乱如麻,四海南奔似永嘉",至此,因"中原多故,襄邓百姓、两京衣冠,尽投江湘,故荆南井邑,十倍其初"。人口的北来、技术的引入,自然刺激了长江流域经济社会大发展,从南宋中期流传的"苏湖熟,天下足"之谚语到明代中后期出现的"湖广熟,天下足"的说法,足以证明南方已渐执全国经济之牛耳。当然,随着南迁人流而来的,尚有文化。北宋"靖康之难"触发了历史上第三次南移,史载"中原士民,扶携南渡,不知其几千万人"。作为人文极盛的朝代,这次宋室南渡,某种程度上也属于文明火种的转移。时人已窥见端倪,指出"邹鲁多儒,古所同也。至于宋朝,则移在闽浙之间,而洙泗寂然矣"。此后,长江流域的文化景象堪称灿烂。科举取士的南北方比重至宋代开始易置,降至明清,长江一线的士子们更是遥遥领先;学术贤达自宋以来,陆九渊、朱熹、张栻、叶适、王守仁、顾炎武、黄宗羲、王夫之,前后相继,楷模辈出。近代以来,长江流域更是于三千年未有之大变局中领风气之先,"浩浩汤汤,横无际涯"。也在这数千年的演进中,中国底定了"政北经南"的总体格局。

举目全球,人类沿河而居,城市因河而建,文明伴河而生,文化由河而兴。大河文明之于人类社会进化过程,无疑发挥着主导作用。历代无论各国城市如何兴衰起灭,文明的发展总像江水般川流不息。进入 21 世纪,人类将面临诸多新旧挑战,中国要保持优秀传统文化的鲜活与永续,必须共同关注大河流域人居环境所面临的风险和机遇,文化问题是其中极为重要的一环。正如习近平总书记所强调的:"要把长江文化保护好、传承好、弘扬好,延续历史文脉,坚定文化自信。"守护水脉,即意味着延续文脉,愿中华民族在新的时代续写"巨海一边静,长江万里清"之壮美篇章。

斯文在兹：山东曲阜孔府和孔子研究院

曲阜，矗立在齐鲁大地上的一座历史文化名城。作为先秦时期的鲁国国都，这里历史悠长，底蕴深厚；作为儒家宗师孔子的诞生之地，此处弦歌不辍，斯文不坠。

2013年11月26日上午，习近平总书记来到孔府和孔子研究院参观考察，并同有关专家学者座谈，让这座承载着中华民族精神家园与中华文明价值共识的地理文化空间，在新的时代被赋予了更鲜明的意义。

一

英国作家贡布里希在《写给大家的简明世界史》一书中写道："在孔子学说的影响下，伟大的中华民族比世界上别的民族更加和睦和平地共同生活了几千年。"读懂中国，首须读懂孔子；了解孔子，必当走进"三孔"。

"三孔"，顾名思义，指的是孔庙、孔林与孔府。1961年，"三孔"入围国务院公布的首批全国重点文物保护单位，堪称中国庙堂文化、典籍文化、园林文化、陵墓文化的典范与集成。1994 年，"三孔"又被联合国教科文组织列入世界文化遗产名录，跻身举世公认的世界级历史文化遗产之列。

孔庙、孔林、孔府等古迹，历代皆被后人立为纪念孔子、推崇儒学的首选之处和必赴圣地，这淋漓尽致地展现了古老中国的庙堂文化和诗礼传统，承载了中华民族深沉的精神追求，蕴含着弥足珍贵的思想观念、人文精神、道德规范。换言之，"三孔"作为物化载体所凝聚的文化价值，不仅是我们中国人思想和精神的内核，对解决人类问题也有重要作用。

慎终追远，祭祀先圣，自当选择孔庙。孔庙始建于公元前 478 年，即孔子去世的第二年。之后经各朝追祀尊崇，孔庙中供奉着 150 多位历代圣贤大儒，俱为配享、从祀之人。后世所称道的"优入圣域"，即意味着祭孔由"家事"扩大到"国事"，孔庙从"家庙"升格为"文庙"。

开枝散叶，蔚为大观，渐趋而成孔林。这里本是孔子及其家族的墓地。孔子逝世后，弟子们"各持其方树来种之"，陵墓上植树成林，故得其谓。两千余年间，随葬子孙越来越多，林地越来越大，孔林遂枝繁叶茂，到如今占地 180 多公顷，坟茔逾十万座，此等规制可见历代王朝之重视。

圣贤后嗣，代代延续，汇其总者孔府。紧邻孔庙东侧，就是孔府，其本名"衍圣公府"，是孔子嫡氏子孙居住的府第。"衍圣公"是宋仁宗赐给孔子第 46 代孙孔宗愿的封号。这一封号子孙相继，经历宋、元、明、清各朝，整整承袭了 32 代。众所周知，孔氏家族 2000 多年绵延不绝，且谱系井然有序，辈分前后分明，可谓世所罕见。作为圣人后代，子孙们在这座宅院中守护孔子遗物，秉承学说衣钵。孔府因世代相袭，被称作"袭封宅"。明、清时期，朝廷更是授予孔府前所未有的特权和财富,其规模也相应扩大。明朝开国皇帝朱元璋提升"衍圣公"为一品官,赏赐大量土地和佃农。孔府不但要管理家族经济,管辖府内事务、宗族事务,而且还要参与曲阜地方政务。

尤为值得措意的是,孔府之中的不少建筑陈设兼具教化功能。比如,进入孔府内宅后,其屏门有幅寓意深刻的图画,俗称"戒贪图"。画中貌似麒麟的动物,就是传说中的"贪"。"贪"虽状似麒麟,但却是贪婪之兽,其生性饕餮,贪得无厌。壁画上"贪"四周的彩云中,全是被其占有的宝物,包括了"八仙过海"中的八位神仙赖以漂洋过海的宝贝,应有尽有。但它并不满足,仍目不转睛地对着太阳张开血盆大口,妄图将太阳吞入腹中,占为己有。可谓野心极大,欲壑难填,最后落了个葬身大海的可悲下场。孔氏家族将此图制作在宅门附近,此处又是从内宅外出的必经之路,明显具有提醒衍圣公及其他的孔氏裔孙不要贪得无厌,坚守孔子所倡导"君子喻于义,小人喻于利"的宗旨。

二

在2013年全国宣传思想工作会议上,习近平总书记曾意味深长地提出了一个宏大命题:"要讲清楚每个国家和民族的历史传统、文化积淀、基本国情不同,其发展道路必然有着自己的特色;讲清楚中华文化积淀着中华民族最深沉的精神追求,是中华民族生生不息、发展壮大的丰厚滋养;讲清楚中华优秀传统文化是中华民族的突出优势,是我们最深厚的文化软实力;讲清楚中国特色社会主义植根于中华文化沃土、反映中国人民意愿、适应中国和时代发展进步要求,有着深厚历史渊源和广泛现实基础。""四个讲清楚"的要求,预示着进入新时代,面对持续变化的文化形势和与日俱增的文化使命,我们应愈发注重阐释与创新中华优秀传统文化。作为儒学发源地的曲阜,自然责无旁贷,扛起大纛者,是孔子研究院。

从山东曲阜孔庙正门南行 500 米,有一座古朴典雅的建筑,这便是国务院于 1996 年批准设立的儒学研究专门机构——孔子研究院。它与处于同一条中轴线上的曲阜孔庙、孟庙遥相呼应,成为以儒家文化为代表的中华优秀传统文化的标志性建筑。孔子研究院规划占地面积 9.5 公顷,建筑面积 26000 平方米。该建筑工程由中国科学院院士、工程院院士、清华大学教授吴良镛先生规划设计。总体布局构图以方和圆作为基本母题,用隐喻方式充分表达中国文化内涵,将儒学的"仁""和"观念融入规划之中,可谓匠心独运、合理布局。建筑形式充分表达了孔子的文化思想内涵,体现了民族性、时代性和纪念性。

孔子研究院充分发挥地处孔子家乡的优势,突出在儒家典籍、儒学发展史、儒学文化传承、儒学与海外中华文化传播等重点学科、优势学科的研究优势,在继承和弘扬中华优秀传统文化中,坚持古为今用,去粗取精、去伪存真,积极引导儒学研究与时代发展相结合。20多年来,孔子研究院很好地承载并发挥了科学研究、人才培育、学术交流、文化普及等众多功能。

在 2013 年孔子研究院座谈时,习近平总书记强调:"一个国家、一个民族的强盛,总是以文化兴盛为支撑的,中华民族伟大复兴需要以中华文化发展繁荣为条件。"中华优秀传统文化是中华民族的文化根脉,根固而木牢,只要中华民族一代接着一代传承与发展自身的文化,使其与时俱进、辉光日新,我们的民族就永远充满希望。

坚守魂根谋结合　传承经典铸新篇

——《平"语"近人——习近平喜欢的典故》
(第三季)特别节目观感

　　近期,由中共中央宣传部、中央广播电视总台联合制作的特别节目《平"语"近人——习近平喜欢的典故》(第三季)[以下简称"《平'语'近人》(第三季)"]在央视综合频道播出。该节目延续以往两季的特色,对讲述内容进行了精心设计与编排,分配成六个环节,先用"原声微视频"引出经典,接着邀请国内知名专家,围绕习近平总书记一系列重要讲话、文章、谈话中所引用的古代典籍和经典名句,进行"思想解读"和"经典释义"。在讲述中,节目组突破传统的单一"传授"模式,通过"现场访谈"以及和现场观众的"互动问答"进行立体式呈现,最后主持人带领大家一起"经典诵读",产生了极佳的传播效果。总体而言,《平"语"近人》(第三季)的整体叙事手法,有力推动了习近平新时代中国特色社会主义思想和党的二十大精神的宣传阐释,充分展现了习近平总书记的丰厚学养和习近平新时代中国特色社会主义思想的理论伟力、文化魅力、实践活力。

　　"魂脉"与"根脉"相结合。"根固则叶荣,长后才成器。"马克思主义中国化时代化是百年中国的不懈追求,也是与时俱进的重大命题。综观这十二期节目，无论是"江山就是人民"的根本宗旨、"党的领导"的关键地位、"马克思主义中国化时代化"的重大价值，抑或是"中国式现代化"的远大目标、"中国特色社会主义法治建设"的历史性成就、"中国特色社会主义文化发展道路"的持续拓展，其贯穿着一条明晰可见、始终不渝的创新主线——"两个结合"，即"魂脉"与"根脉"的有机结合。马克思主义是我们党理论创新、实践创新的"魂脉"，是我们党和人民不断奋进的万里长河之源泉；中华优秀传统文化是我们党理论创新、实践创新的"根脉"，是中华文明的智慧结晶和精华所在，是我们在世界文化激荡中站稳脚跟的根基。借助镜头语言，经由专家讲解，通过现场访谈，一幅波澜壮阔、气壮山河的新时代"两个结合"的宏大画卷徐徐展开，从民本到民主，从九州共贯到中华民族共同体，从万物并育到人与自然和谐共生，从富民厚生到共同富裕，中华文明别开生面，中国共产党踔厉奋发，实现了从传统到现代的跨越，发展出中华文明的现代形态。这条思想主脉便是《平"语"近人》（第三季）的创作主旨所在，虽各集角度各异、内容有别，但"魂脉"与"根脉"结合的逻辑始终如一，整体上神不散、形不乱。

传统与现代相交融。"文者，贯道之器也。"《平"语"近人》（第三季）特色鲜明，主要表现为以古解今、以今释古、文以载道、事中见理，树立了古今交融、大道贯通的典范。中华优秀传统文化是中华民族的文化根脉，其蕴含的思想观念、人文精神、道德规范，不仅是我们中国人思想和精神的内核，对解决全人类问题也有重要价值。如何把中华优秀传统文化的精神标识和具有当代价值、世界意义的文化精髓提炼出来、展示出来？《平"语"近人》（第三季）无疑给出了答案。习近平总书记以其深厚广博的传统文化素养，用本土古典话语生动且隽永地回答了中国之问、世界之问、人民之问、时代之问。每一个典故，看似举重若轻，思来却意蕴深邃。如在《九万里风鹏正举》一集，围绕习近平总书记引自《吕氏春秋》中的名句"壹引其纲，万目皆张"，来印证"全面建设社会主义现代化国家、全面推进中华民族伟大复兴，关键在党"这一重大论断，凸显出党的领导是党和国家的根本所在、命脉所在，是全国各族人民的利益所系、命运所系，更易于被人民群众所理解。与此同时，新时代的伟大实践与成就也值得浓墨重彩地进行描绘，这正是文艺创作的使命与职责所在。好的艺术作品一定要紧跟时代步伐，从时代的脉搏中感悟艺术的脉动，把艺术创造向着亿万人民的伟大奋斗敞开，向着丰富多彩的社会生活敞开，从时代之变、中国之进、人民之呼中提炼主题、萃取题材，展现中华历史之美、山河之美、文化之美，抒写中国人民奋斗之志、创造之力、发展之果，全方位全景式展现新时代的精神气象。

守正与创新相统一。"圣人常无心，以百姓心为心。"源于人民、为了人民、属于人民，是社会主义文艺的根本立场，也是社会主义文艺繁荣发展的动力所在。因此，推动新时代党的理论创新成果生动阐释与广泛传播的根本目的之一，就是让文化贴近群众、贴近生活。同时，人民是历史的创造者，也是时代的创造者。人民是文艺之母。文学艺术的成长离不开人民的滋养，人民中有着一切文学艺术取之不尽、用之不竭的丰沛源泉。守正，守的是马克思主义在意识形态领域指导地位的根本制度，守的是中国共产党的文化领导权和中华民族的文化主体性，守的是"江山就是人民，人民就是江山"的初心与使命。这在节目中的体现可谓淋漓尽致，第五集《风物长宜放眼量》中"修天路后搞文创"、第七集《时代前进的号角》中"教唱歌的旧挂历"都是鲜活案例。守正方可创新，创新也在赋能守正。创新，创的是新思路、新话语、新机制、新形式。《平"语"近人》(第三季)每集都通过"习近平总书记原声短片""文化经典释义""思想理论解读""写在祖国大地上的思政课""元气满满的中国故事""经典诗文诵读"六个环节,搭建起古今相通、情景交融、深入浅出的思想理论启迪和真挚情感传递的桥梁。在视觉呈现上,节目组用约1500平方米的大屏幕构建整体化视觉窗口,紧扣主题挖掘核心设计意象:历史中的典故、典故中的智慧、智慧中的文字。层层书页展现文明的厚重,点点光芒表征智慧的结晶,道道光线代表思想的传承和弘扬,形成独属于节目品牌的主视觉空间场。

收百世之阙文,采千载之遗韵。持续推进马克思主义中国化时代化,就要深入挖掘中华优秀传统文化的思想观念、人文精神、道德规范,把艺术创造力与中华文化价值融合起来,把中华美学精神与当代审美追求结合起来,激活中华文化生命力。我们要善于把握传承和创新的关系,学古不泥古、破法不悖法,以守正创新的正气和锐气,赓续历史文脉、谱写当代华章。

第六编

融汇中外,贯通古今

——增进文明交流互鉴

深化良性文明交流互鉴的中国方案

2023 年 3 月 15 日，习近平总书记在中国共产党与世界政党高层对话会上所提出的"全球文明倡议"，为置身于世界百年未有之大变局中的各国提供了一份真诚可敬、切实可行的中国方案。此倡议彰显了理念与实践、坚守与创新的融汇统一，必将成为未来深化各国进行良性文明交流互鉴的宝贵指南。

"尊重世界文明多样性，坚持文明平等、互鉴、对话、包容，以文明交流超越文明隔阂、文明互鉴超越文明冲突、文明包容超越文明优越。"这是世界各国进行文明交流互鉴的前提条件。"物之不齐，物之情也。"首先，"文明"是指某一特定的人类集群，或者指该人群所特有的生活方式。由此可见，每一种文明都扎根于自己的生存土壤，凝聚着一个国家、一个民族的非凡智慧和精神追求，都有自己存在的价值，也是各国推进自身现代化进程的独特国情。因而文明多样性是客观常态，也是人类社会弥足珍贵的共同财富。其次，文明因包容才有交流互鉴的可能。审视世界历史，中国主要是一种文明实体。德国学者卡尔·雅斯贝尔斯将中华文明列入世界三大轴心文明之一。虽然轴心时代距今已远，但人类直到今天仍在该时代所产生的基本范畴中思考与生存。进而言之，轴心时代之后的每一次人类社会的剧变都需要回顾轴心时代,于重温中获取灵感与启示。在中国,无论是秦汉时期对既往思想的整合重构,还是隋唐时期将中国和印度两大文明的精华进行融合,抑或宋明时期中国人在借鉴其他文明思想的基础上再次确认本土核心价值,皆彰显了中华文明既能够返本开新,亦可以融外于今的能力与格局。以中国为例,可知任何文明的发展与延续,都离不开交流互鉴,这是其长存不辍的本质要求。最后,当代中国逐步走向伟大复兴是中华文明恢复历史主体地位的必然趋势。作为历史主体,中国传统文化中有着丰富的世界秩序思想,最典型的莫过于"家—国—天下"的整体观念,它与西方文明的世界观念迥然不同,且具有平等性、包容性与亲和力。这需要一代代中国共产党人持续将马克思主义基本原理同中华优秀传统文化相结合,且充分吸收一切人类文明优秀成果,深刻把握人类社会发展规律,为人类文明的演进贡献中国智慧,从而达至立己达人、美美与共的至善境界。

"弘扬全人类共同价值,和平、发展、公平、正义、民主、自由是各国人民的共同追求,要以宽广胸怀理解不同文明对价值内涵的认识,不将自己的价值观和模式强加于人,不搞意识形态对抗。"这是世界各国进行文明交流互鉴的根本遵循。"东海西海,心理攸同。"首先,我们须在尊重"差异"中寻求"共通"。毫无疑问,全人类由不同的民族、国家、地区、文明组成,其历史、文化、制度、发展水平不尽相同,从而形成了各具特色的价值观念。但是,正如马克思所指出的,人是类存在物,拥有和动物相区别的共同的类特性。因而,人类的成员之间,总是具有"人同此心、心同此理"的共通性方面,客观需要一种共同的价值来指引彼此。其次,谋求共同价值的前提之一即要打破西方所谓"普世价值"的霸权与迷思。究其实质,西方式现代化和西方现代性是一种话语、一个过程和一个区域现象,因此其所宣扬的"普世价值"无非施展了把偶然的说成必然的、把地方的说成世界的以及把短期的说成永恒的"把戏"。当今寰宇所正在遭受或有可能面临的诸多风险、危机、冲突、灾难,无不与之密切相关。最后,超越西方价值体系的共同价值理念必须要具备整全性。2015 年 9 月 28 日,习近平总书记在第七十届联合国大会发表的重要讲话中正式提出:"和平、发展、公平、正义、民主、自由,是全人类的共同价值。"在全人类共同价值的概念体系中,和平发展是基础,公平正义是核心,民主自由是目标。如此诸要素构成一个内涵丰富、逻辑严密的理念体系,方能保障世界各国以宽广胸怀理解与对待不同文明的价值内涵,不会强行将自己的价值观和发展模式进行倾销,更不会搞意识形态对抗。

"重视文明传承和创新,充分挖掘各国历史文化的时代价值,推动各国优秀传统文化在现代化进程中实现创造性转化、创新性发展。"这是世界各国进行文明交流互鉴的动力源泉。文明如水,川流不息。这无疑说明任何文明的延续和弘扬,皆离不开创新与发展。交流互鉴是每个文明丰富完善的外在助力,最关键的源头来自内生的持续创新能力。中国共产党自成立以来,特别是于新时代以来的伟大变革中,摸索并积累了新鲜有效的路径:创造性转化、创新性发展。历经多年的实践与提炼,"两创"不仅适用于中华文明的现代转化问题,还应用到马克思主义基本原理同中华优秀传统文化相结合的重大议题,逐渐升格为一种具有普遍意义的路径。"两创"作为一种行之有效的方法论,无疑具备典范意义,对于其他国家民族充分挖掘自身历史文化的时代价值,有着很好的借鉴价值。

"加强国际人文交流合作,探讨构建全球文明对话合作网络,丰富交流内容,拓展合作渠道,促进各国人民相知相亲,共同推动人类文明发展进步。"这是世界各国进行文明交流互鉴的方式途径。取长补短,交相辉映。回顾人类文明的演进史,不难发现,文明之间如果采取对抗,只会穷途末路、两败俱伤,世界近代历史上西方国家崛起后霸权纷争可谓层出不穷、愈演愈烈,两次世界大战便是最恶之果。惟有选择文明对话,才是坦途正道。正如前言,中华文明的几次发展都是文明对话的典范,它既包括文明内部不同思想流派之间的对话整合,也包括不同文明之间的对话互鉴,在文明对话过程中,中华文明实现了自我的故物重光。可以说,中华文明具有强大的"对话基因",中国共产党肩负着神圣的"对话责任"。"全球文明倡议"某种程度上是从中华文明长期历史实践中提炼而出的,是从中华民族共同体形成的历史经验中总结而来的。作为对话式文明的典范,中华文明在新的发展阶段务必继续深化文明交流互鉴,通过多种途径与方式来逐步构建全球文明对话合作网络。

英国历史学家汤因比早有预言:"最近五百年,全世界在政治以外的各个领域,都按西方的意图统一起来了。恐怕可以说,正是中国肩负着不止给半个世界而且是整个世界带来政治统一与和平的命运。"在风云激荡的今天,世界又一次站在历史的十字路口,"全球文明倡议"的提出堪称正逢其时,需要中国与各国一道携手,勉力为之。

"全球文明倡议":
筑牢人类命运共同体的柱石

  2023 年 3 月 15 日,习近平总书记在中国共产党与世界政党高层对话会上,提出了"全球文明倡议"。这是继 2021 年 9 月 21 日在第七十六届联合国大会一般性辩论上的"全球发展倡议"、2022 年 4 月 21 日在博鳌亚洲论坛开幕式主旨演讲上的"全球安全倡议"后,习近平总书记紧紧围绕构建人类命运共同体的重大命题所提出的第三个全球性质的倡议。综观这三大倡议,犹如支撑着人类命运共同体的三根坚固的柱石,保障这一至高理念得以行稳致远、光耀世界。

  人类命运共同体,就是每个民族、每个国家的前途命运都紧密相连,好比同坐一舟,必当风雨同行,荣辱与共,竭尽全力将我们生于斯、长于斯的这个星球建成一个和睦的大家庭,把世界各国人民对美好生活的向往变成现实。然而,各国尚需直面复杂多变且荆棘密布的时局。正如习近平总书记在主旨讲话里所描述的,"人类社会发展进程曲折起伏,各国探索现代化道路的历程充满艰辛。当今世界,多重挑战和危机交织叠加,世界经济复苏艰难,发展鸿沟不断拉大,生态环境持续恶化,冷战思维阴魂不散,人类社会现代化进程又一次来到历史的十字路口"。

　　置身歧路,切不可彷徨。习近平总书记连续三年所提出的三大倡议,便是走出困局的三剂良方。全球发展是当代世界的主要任务,因此我们提倡坚持发展优先、坚持以人民为中心、坚持普惠包容、坚持创新驱动、坚持人与自然和谐共生和坚持行动导向等六项主张,无疑为构建全球发展命运共同体提供了一揽子可行方案。众所周知,各国在发展中必然要解决诸多既有痼疾,还会催生出很多新的难题,发展中的问题需要通过继续发展来解决,同时也需要安全来守卫秩序,保驾护航。因此我们提倡坚持共同、综合、合作、可持续的安全观,坚持尊重各国主权、领土完整,不干涉别国内政,坚持遵守联合国宪章宗旨和原则,坚持重视各国合理安全关切,秉持安全不可分割原则,坚持通过对话协商以和平方式解决国家间的分歧和争端和坚持统筹维护传统领域和非传统领域安全等全方位的建议,为构建全球安全共同体绘制了精良的底本。时至今日,各国间文明层面上对话愈来愈频繁,愈来愈趋于常态,亦愈来愈重要。正如习近平总书记在主旨讲话中所言:"当今世界不同国家、不同地区各具特色的现代化道路,植根于丰富多样、源远流长的文明传承。人类社会创造的各种文明,都闪烁着璀璨光芒,为各国现代化积蓄了厚重底蕴、赋予了鲜明特质,并跨越时空、超越国界,共同为人类社会现代化进程作出了重要贡献。中国式现代化作为人类文明新形态,与全球其他文明相互借鉴,必将极大丰富世界文明百花园。"因此我们提倡尊重世界文明多样性、弘扬全人类共同价值、重视文明传承和创新和加强国际人文交流合作等四方面主张,可谓时势所趋,为深化文明交流互鉴提供了中国方案。

　　悉心审视此三大倡议提出的前后逻辑与内涵价值,不难发现:安全是发展的前提,发展是安全的动力,文明是发展与安全的土壤,同时发展与安全又是文明演进与前行的途径。故三大倡议彼此各蕴其意，且不可分离，共同筑牢了构建人类命运共同体的三根坚实的柱石。"全球文明倡议"最后提出，个中深意，有待揭示。

顾名思义，此次高层对话会的主题是："现代化道路：政党的责任"，习近平总书记在讲话开篇即提出七个"现代化之问"，可见世界各国所选择与所迈进的现代化道路，深切关乎人类文明的兴衰起灭。文明形态即指社会形态。按照马克思主义社会形态学说，人类告别了原始社会的蒙昧状态后，进入文明时代。人类文明形态存在着不同的样式，是逐步递进的。从奴隶社会开始，人类就进入了文明社会。迄今为止，人类历史上经历了奴隶社会文明即奴隶社会形态、封建社会文明即封建社会形态、资本主义社会文明即资本主义社会形态，以及社会主义文明即社会主义社会形态。而自从世界各国先后启动现代化进程后，人类文明便出现了"大分流"。西方现代化理论本质上是将现代化等同于西方价值观、制度模式和现代化道路普遍化的过程。与之异趣，中国共产党坚持和发展中国特色社会主义，推动物质文明、政治文明、精神文明、社会文明、生态文明协调发展，创造了中国式现代化新道路，创造了人类文明新形态。申言之，作为引领和推动现代化进程的重要力量，政党的抉择意味着各自文明的走向，更影响着人类的共同命运。现代化进程与文明的历程并驾齐驱，文明交流互鉴与人类命运息息相关。因此"全球文明倡议"的深意，恐怕在于提示各国要在世界百年未有之大变局的"历史三峡"中，慎重考量道路、文明与命运的关系。

各国现代化道路的探索必须基于自身文明的根性之中。现代化，既指发达国家所走过的现代化历程，又指发展中国家追赶发达国家的目标和发展历程。具体而言，现代化首要的也是最本质的，必须包括工业化的基本内容，但除此而外，它还包括其他政治思想、生活观念、文化修养等方面许多新的内容，其中不少部分又是由工业化这一大变革过程所必然引起而发生的。这意味着，一旦现代化进程开启，势必会改变该国既有文明的走向，倘一味模仿西方模式，不立足本国国情、本国特色和本国实际，则无疑会引发文明的灾厄。中国式现代化的本质要求是：坚持中国共产党领导，坚持中国特色社会主义，实现高质量发展，发展全过程人民民主，丰富人民精神世界，实现全体人民共同富裕，促进人与自然和谐共生，推动构建人类命运共同体，创造人类文明新形态。这就大大拓展了发展中国家走向现代化的途径，给世界上那些既希望加快发展又希望保持自身独立性的国家和民族提供了全新选择。换言之，中国式现代化的成果探索，是深深扎根于5000多年绵延不绝且深厚丰赡的中华文明沃土之中，所以我们所倡导坚持文明平等、互鉴、对话、包容，充分挖掘各国历史文化的时代价值，推动各国优秀传统文化在现代化进程中实现创造性转化、创新性发展，是一百多年来中国共产党伟大实践的宝贵经验概括。

各国现代化愿景的实现必须置于良性文明对话中达至。什么样的现代化最适合自己，本国人民最有发言权。发展中国家有权利也有能力基于自身国情自主探索各具特色的现代化之路。要坚持把国家和民族发展放在自己力量的基点上，把国家发展进步的命运牢牢掌握在自己手中。可见实现现代化的内生动力至为关键。与此同时，人类是一个一荣俱荣、一损俱损的命运共同体。任何国家追求现代化，都应该秉持团结合作、共同发展的理念，走共建共享共赢之路，外在助力亦不可或缺。习近平总书记指出："吹灭别人的灯，并不会让自己更加光明；阻挡别人的路，也不会让自己行得更远。"这自然促使各国要在积极开展良性的文明对话，从而取长补短、百花齐放。所以我们倡导的和平、发展、公平、正义、民主、自由的全人类共同价值，不搞意识形态对抗的主张，并积极推进全球文明对话合作网络的构建，即意在促进各国文明对话的路径更明确，平台更宽广，机制更完善。

人类文明的发展顺逆与否，关乎全世界的命运。文明是人类的正资产与不动产，是各国的共同财富。一百多年前，中国共产党的先驱李大钊先生洞察世局，提出塑造"第三种文明"的构想，此"乃灵肉一致之文明，理想之文明，向上之文明也"。该预言恰恰说明，人类所探索的多元现代化道路，终极目标是为了共同创造至高至善至美至远的人类文明形态。是故，各国命运相连，道路始异终同，政党责艰任重，"全球文明倡议"的适时提出，便为各国政党和政治组织凝聚文明共识、深化交往，注入了更新的智慧动能，令彼此的现代化事业在历史长河中滚滚向前、永续发展！

在更高层次上开展文明对话

　　2023 年 3 月 15 日，习近平总书记在中国共产党与世界政党高层对话会上提出了"全球文明倡议"，四方面主张涉及宏观与具体，覆盖理念与路径。"尊重世界文明多样性"体现倡议的本质所在，"弘扬全人类共同价值"实乃倡议的内核之处，"重视文明传承和创新"堪称倡议的实践路径，"加强国际人文交流合作"指明倡议的沟通机制，可谓环环相扣，层层深入，彰显了中国共产党积极进行的文明对话诚意与日益增强的文明对话能力。

　　环顾世界，各国都有着强烈文明对话的"渴求"。我们需要正视，当前多重挑战和危机交织叠加，世界经济复苏艰难，发展鸿沟不断拉大，生态环境持续恶化，冷战思维阴魂不散，人类社会现代化进程又一次来到历史的十字路口。如何穿越这艰险的"山重水复"，为人类博得一片可贵的"柳暗花明"？毫无疑问，唯有通过良性的文明对话，方能达成共识，并肩前行。可见，在各国前途命运紧密相连的今天，不同文明包容共存、交流互鉴，在推动人类社会现代化进程、繁荣世界文明百花园中具有不可替代的作用。这绝非中国一家的主张，而是世界各国的呼声。

　　纵观历史，中国向来具备文明对话的"基因"。从世界历史的角度看,中国主要是一种文明实体。德国学者卡尔·雅斯贝尔斯将中华文明列入世界三大轴心文明之一。复兴因此成为贯穿人类历史的普遍事件,轴心时代之后的每一次人类社会变革都要回顾轴心时代,从中获得灵感与启示。在中国,历史的复兴大致已经有过三次:第一次是秦汉时期,它是对轴心时代思想的整合重构;第二次是隋唐时期,它将古代中国和古印度两大轴心文明的主要思想融合起来;第三次是宋明时期,它在借鉴其他文明思想(佛教)的基础上,再次确认了轴心时代的本土核心价值,重振了轴心时代的中国精神。中华文明的三次复兴是文明对话的典范,它既包括文明内部不同思想流派之间的对话整合,也包括不同文明之间的对话互鉴,在文明对话过程中,中华文明实现了自我的返本开新。可以说,中华文明具有强大的"对话基因",那些构成中华文明核心价值的观念都将与他者文明的对话融合中升华为中华文明走向普遍性的因素。这正可以超越西方现代性所产生的诸如人类的自我膨胀、工具理性的冷酷、浮士德欲望的宰制、性别歧视、种族歧视、欧洲中心、男权中心等众多毒瘤。进而破除西方的所谓"普世价值"是西方中心论幻觉。

审视彼此,文明对话又是每个政党义不容辞的"责任"。正如这次高端对话会的主题所言:"现代化道路:政党的责任"。当今世界不同国家、不同地区各具特色的现代化道路,植根于丰富多样、源远流长的文明传承。人类社会创造的各种文明,都闪烁着璀璨光芒,为各国现代化积蓄了厚重底蕴、赋予了鲜明特质,并跨越时空、超越国界,共同为人类社会现代化进程作出了重要贡献。是故这份"责任"即意味着世界政党皆须致力各自文明的传承、发展与创新,其中文明对话是须臾不可离的方式,也是极大丰富世界文明百花园的必然要求。

百尺竿头,尚需更进一步。面对着复杂多变乃至遽变裂变的国际局势,我们须清醒地看到,眼下文明隔阂、文明冲突、文明优越的论调、现象依然存在,并颇有市场。"全球文明倡议"在未来的落实和宣介过程中势必会遭遇诸多挑战与困难。首先,我们会遇到"话语之争"。"全球文明倡议"的四个方面,一定会为世界提供广阔的交流对话空间,客观上各国对于这些理念的理解各有不同。因此倡议既是各国文明互鉴的重要动力,但同时也有可能加剧文明冲突、价值纷争。其次,我们会面临"路径之争"。毕竟各国人民对于实现自身文明的延续与发展有着不同的道路选择。中国坚持独立自主、坚持中国道路,立足于本国国情,持续探索中国式现代化道路,创造了人类文明新形态。而西方国家恐怕短期尚不能以发展和开放的眼光看待"全球文明倡议",仍在走"输出模式"的老路,以"民主"为名在世界划分小圈子,为倡议的国际传播造成阻碍。

基于此,在如何做好推广与完善"全球文明倡议"和争取国际话语权方面,有如下四点建议。

其一,要侧重对外讲好"全球文明倡议"的先进性与西方"普世价值"等主张的局限性。

其二,在宣传上把握好共性与个性。在对外宣传"全球文明倡议"时,要坚持共性与个性相统一,既弘扬促进人类进步的先进理念主张,也尊重不同国家人民在文明延续发展上实现路径上的不同探索。

其三,把握好实践需要与理论创新的关系。要根据新的形势和条件加强有效实践,中国在大国崛起以及与美国斗争中要多做有说服力和有效应的国际传播、采用更加有效的方法和手段进行国际传播,使"全球文明倡议"深入人心。

其四,在学术方面要强化和深化研究。学界做好做深学术研究就能在"全球文明倡议"传播方面实现厚积薄发和深入浅出。应该看到,建设和传播"全球文明倡议"是个长期的过程,学界在学术研究方面既有责任也有专长。今后尤其要注重交叉和复合型的人才队伍的培养和梯队建设的塑造。

人类是一个整体,地球是一个家园,文明是一个体系。面对共同挑战,任何人任何国家都无法独善其身,人类只有和衷共济、和合共生这一条出路。政党作为推动人类进步的重要力量,要锚定正确的前进方向,担负起在更高层次进行文明对话的责任。这无疑就是中国共产党在此次高端对话会上专门提出"全球文明倡议"的一大初衷所在。

践行全球文明倡议主张，
共履文化遗产保护使命

　　2023年4月25日，首届亚洲文化遗产保护联盟大会在陕西西安开幕，国家主席习近平向大会发来贺信，强调"中国愿在联盟框架下，同亚洲各国携手加强文化遗产保护经验交流，积极推动文化遗产领域国际合作，构建全球文明对话合作网络，促进各国人民相知相亲，共同推动人类文明发展进步"。与贺信呼应，同日大会回顾了近年来亚洲各国文化遗产保护的历程，并发布了《亚洲文化遗产保护联盟西安宣言》（以下简称《西安宣言》）。这既表明了中国共产党对待人类文明一贯的开放包容态度，也展现了新时代自身文化遗产保护的经验与助力亚洲国家相关工作的成果，更彰显出未来深化亚洲文明交流的明确方向。

　　文明因故步自封而丧失生机，因交流互鉴而充满活力。2014年3月27日，习近平总书记在联合国教科文组织总部的演讲中曾提及一段往事。1987年，陕西法门寺地宫中出土了20件在唐代传入中国的东罗马和伊斯兰琉璃器。习近平总书记在欣赏这些域外文物时，一直在思考一个问题，就是对待不同文明，不能只满足于欣赏它们产生的精美物件，更应该去领略其中包含的人文精神；不能只满足于领略它们对以往人们生活的艺术表现，更应该让其中蕴藏的精神鲜活起来。正因长期一直怀着如此深沉悠远、念兹在兹的"文明之问"，党的十八大以来，习近平总书记对于人类文明的主张及中国在推动文明交流上的举措呈开枝散叶、繁花似锦之势。自 2014 年正式提出文明交流互鉴主张后，中国积极推动与世界各国进行全方位的文明合作，尤其在亚洲用力颇多。在 2019 年 5 月亚洲文明对话大会上，"中国将联合亚洲国家开展亚洲文化遗产保护行动"成为会议成果之一；2021 年，亚洲十国共同发起亚洲文化遗产保护联盟，27 国共同发布《关于共同开展亚洲文化遗产保护行动的倡议》；2023 年，我们先在中国共产党与世界政党高层对话会上提出"全球文明倡议"，接着于首届亚洲文化遗产保护联盟大会上发布《西安宣言》，四年来的诸方响应、携手前行，亚洲文化遗产保护联盟已规模初成，硕果渐丰。

文化遗产保护需要言说者，也需要行动派。文明是先人的遗产，世人的资产，人类的不动产。各国在实现自身现代化的道路上，既要遵循现代化一般规律，更要立足本国国情，具有本国特色。既有的文明，无疑是最基本的国情、最显著的特色。新时代以来，从敦煌莫高窟到四川三星堆，从中华文明探源工程到五大国家文化公园战略，我国的文化遗产保护成绩斐然。同时我们在实践中积累了一定的宝贵经验，故而秉着立己达人的立场，在"全球文明倡议"中"共同倡导重视文明传承和创新，充分挖掘各国历史文化的时代价值，推动各国优秀传统文化在现代化进程中实现创造性转化、创新性发展"。我们如是说，更这般做。历数中国的 56 项世界遗产中，有些即同邻邦一道保护的典范。如与哈萨克斯坦、吉尔吉斯斯坦联合申报的"丝绸之路：长安——天山廊道的路网"属于几方共同努力的跨国遗产。再如 2017 年 8 月，经与尼泊尔政府协商，中国文化遗产研究院启动了对世界文化遗产加德满都杜巴广场核心区九层神庙建筑群的修复项目,现已圆满完成文物本体维修。此外,中国已在柬埔寨等6个亚洲国家合作开展了11项历史古迹保护修复项目,与阿联酋、乌兹别克斯坦、沙特阿拉伯等亚洲14国联合开展20余项联合考古合作。亚洲文化遗产保护的网络愈织愈密,文明互鉴的共识越来越强。

世界文明百花园欢迎游客如织,更期待园丁成群。现有成就尚不足喜,未来任务依旧繁剧。作为古代文明的摇篮和人类灵感的源泉的亚洲,虽拥有丰富多彩的历史城镇、文化景观、自然遗产等宝贵财富,但受困于城市发展、自然灾害、武装冲突、偷运劫掠等因素,部分遗产惨遭厄难。根据联合国教科文组织世界遗产中心数据,全球濒危世界文化遗产约有50%位于亚洲。严峻的现实提示每个亚洲国家:世界文明百花园不仅要有观赏驻足的游人,更需要悉心栽培养育的园丁;文化遗产不仅需要各国注重保护,也需要共建深度系统合作的平台。首届亚洲文化遗产保护联盟大会的召开恰是题中应有之义,《西安宣言》的发布便绘制了今后彼此共襄保护与传承大举的宏阔蓝图,这也践行了"全球文明倡议"中关于"共同倡导加强国际人文交流合作,探讨构建全球文明对话合作网络,丰富交流内容,拓展合作渠道"的主旨。由此可以预见,未来中国会围绕古代文明研究、联合考古、古迹修复、博物馆交流等重点内容和构建全球文明对话合作网络的重要部署开展重点工作,从而在亚洲乃至世界范围增强文化遗产外交工作新实效。

亚洲文化遗产承载着亚洲人民乃至全人类共同的精神寄托、文化财富、历史记忆与民族认同,它的完整与否,关乎各国的道路选择,亦关乎人类文明的命运走向。相信借首届亚洲文化遗产保护联盟大会之契机,各国得以进一步凝聚共识,增强合作,朝着一个和平安宁、共同繁荣、开放融通的亚洲持续迈进。

趋于深入且亟待深化的世界中国学

  "中国学研究"亦中亦西,且旧且新。之所以"亦中亦西",在于该研究对象是博大精深、源远流长的 5000 年不曾断裂的中华文明,即以中国文化、中国事物、中国现象、中国问题为主体的学问。与此同时,随着中国发展的不断向上向好,就其成功原因的关注愈来愈成为世界性的话题,它逐渐成为一门在中外文化/学术交流的场域中生成的学科。比如,20 世纪以后,"区域研究(area studies)"在西方逐渐兴起,美国的"中国研究(Chinese studies)"逐步取代欧洲汉学并成为国外中国学中的主导范式。受学术传统影响,欧洲学者也会把对当代中国的专门研究纳入"汉学"范畴。在澳大利亚和西班牙,有的学者用"新汉学"的概念来提倡对现当代中国开展跨学科研究。

  之所以"且旧且新",在于自明末清初之际始,以利玛窦、南怀仁为代表的传教士来到中国,一方面将彼时欧洲文化引介而来,同时也把中国知识带回欧洲,中西学术自此初识。"中国学"最初是以"汉学(sinology)"的形态出现,经历了游记汉学、传教士汉学和专业汉学等发展阶段,渐趋蔚为大观。然而,伴随着世界局势的持续迭变与学术话语的"权势转移",改革开放后的中国深度融入世界,中国学研究的广度和深度由之大为拓展,涉足中国学的国家和地区也大幅增加。尤其是 21 世纪以来中国与世界各国多方面诸领域的对话愈益频密深化,由中国提出、发起、推动的各类世界性主张、倡议日渐增多,"中国学研究"不再囿于西方某个国家或某个机构,它显然已跃升为世界各国高度关注且迫切需要了解的关乎全局和关键性的中国问题的总称。于是乎,"世界中国学"概念应运而生。正如国家主席习近平在 2023 年 11 月 24 日向世界中国学大会·上海论坛致贺信中所指出的:"中国学是历史中国之学,也是当代中国之学。""世界中国学"无疑是一门极具文明性、对话性、历史感、现实感的新兴学科。

"其作始也简,其将毕也必巨。"2004 年,首届世界中国学论坛在上海举行。设立论坛的初衷是为海内外中国学研究界提供对话渠道和交流平台,反映中国学研究的动态与趋势,鼓励观点创新,增进中国与世界的相互了解,建设具有世界影响力的中国学学术共同体。自此 20 年来,中国连续举办了 9 届主论坛、5 次专题论坛,与会中外专家学者总计 2741 人次,其中近半数为海外代表,覆盖全球 102 个国家和地区。世界中国学论坛以学术的方式与互鉴的诚意,向世界表明中国立场、阐释中国道路、发出中国声音,也为世界范围内不同国家和地区关心中国问题的人士提供平等的发声渠道,世界中国学研究的"世界"性得以彰显。

毋庸置疑,世界中国学已渐呈显学。不过,我们尚需清醒地看到,中国乃"世界之中国",世界是"中国在场之世界",我们需要不断解答各国围绕中国发展而提出的一系列"世界之问",这恰恰是世界中国学的关键价值所在。坦率而言,世界中国学依然任重道远、亟待深化。

溯历史的源头才能理解现实的世界,世界中国学正是解读与阐释人类命运共同体之学。2012年11月,党的十八大报告明确提出了"人类命运共同体"的新理念。2013年3月23日,习近平总书记在莫斯科国际关系学院演讲中首次系统地向世界倡议:"这个世界,各国相互联系、相互依存的程度空前加深,人类生活在同一个地球村里,生活在历史和现实交汇的同一个时空里,越来越成为你中有我、我中有你的命运共同体。"之后我国围绕这一理念不断在各种重大外事场合和国家活动中进行阐释与推介。尤其在2023年3月15日举行的中国共产党与世界政党高层对话会上,习近平总书记提出了"全球文明倡议",其中力主"要共同倡导尊重世界文明多样性,坚持文明平等、互鉴、对话、包容,以文明交流超越文明隔阂、文明互鉴超越文明冲突、文明包容超越文明优越"。如上一系列紧扣人类命运共同体理念的重大议题,无疑涉及与各国交往的文化沟通、经济共荣、价值互通、社会交流等方面。这迫切需要世界中国学能够就中华文明的世界贡献与当代价值、中国发展对于世界发展的启示、人类未来社会形态合流、"一带一路"倡议、"全球发展倡议"、"全球安全倡议"、"全球文明倡议"、全人类共同价值等诸多中国方案进行深入的学理论证,从而为人类命运共同体理念更好地践行提供丰富可靠的理论支撑和对策建议。可见,世界中国学本身就具有极强的现实资政功能。

循文化的根基才能辨识当今的中国,世界中国学亦是探索与构建中国自主学科体系、学术体系、话语体系之学。对于外国学人来说,如何以"局外人"的视角依据中国提供的素材理解和把握一个真实的中国;对于中国人而言,怎样以"局内人"的身份看待和审视海外关于中国的观察产生的较大世界影响的众多命题。在2015年第六届世界中国学论坛上,印度华裔中国学家谭中提出一个甚有启发乃至值得好好反思的问题,即中国学者关于中国的本土研究没有得到海外同行的重视和采用,中外学者在两个互无关联的轨道上并行。申言之,长期以来,中西解释中国的话语权并不掌握在中国学界手中,国内知识界在诠释中国时面对国际学术界呈现出"失语"状态。这势必涉及构建中国特色哲学社会科学的重大问题。习近平总书记强调,学术研究"在指导思想、学科体系、学术体系、话语体系等方面充分体现中国特色、中国风格、中国气派"。反映在世界中国学领域,意味着未来重点在于超越西学,进行主动深入的话语创新和重构。世界中国学必须立足中国,融通中外,致力于突破西方中心论框架下的西方中国学话语体系,以本土学术研究向世界展示中国。可见,该学科某种程度上承担着破解古今中西之争的使命。

有文明的互鉴才能实现共同的进步,世界中国学还是传播与推介中国话语、叙事之学。如前所述,目前国内外关于中国学界的一大现状或难题即解释中国的话语权为何由西方学界把持。怎样破解误传已久的不少西方学术陷阱或议题,进而主动设置中国学议题,愈来愈迫切。近些年来,中国学界围绕"轴心时代"起始年代、"文明冲突论"、"历史终结论"、"文明起源的三要素说"进行了非常有力的质疑与反驳,一定程度上改变了某段时期内对西方理论亦步亦趋甚至有理说不出、说了传不开的窘境。众所周知,世界中国学不是象牙塔里的学问,有其鲜明的学术价值、社会意义和战略作用。对世界关于中国之问的了解是帮助中外人士认识中国和世界联系的一把钥匙,亦有助于增强中国未来一代的社会责任和使命担当,使其在家国情怀的价值引领下开展具体工作。因此,未来中国学界惟有依靠自身驰而不息的研究,以确凿的证据、深厚的学养、严密的论证和宏阔的视野来讲好中国故事、传播好中国声音,展现可信、可爱、可敬的中国形象,从而不断增强中华文明传播力影响力,进一步深化文明交流互鉴,推动中华文化更好走向世界。可见,世界中国学又是加强国际传播能力建设的重要一环。

本届世界中国学大会主题为"全球视野下的中华文明与中国道路",既具有文明的厚重,又体现出道路的纵深,这或许正是未来世界中国学发展的目标和愿景所在。

跨语境文明互鉴的新尝试

——写在《认识你真好——习近平总书记的书单》
播出之际

如何让党的新理论新命题新论断"飞入寻常百姓家",化入人民群众口耳相传的话语中,这是当前中国宣传思想文化工作的重点。回顾已有成果,高质量马克思主义理论的普及作品颇具规模,同时近些年来有关中华优秀传统文化创造性转化、创新性发展的节目更是异常火爆,屡屡破圈,然而能够将马克思主义基本原理同中华优秀传统文化相结合的原理、道理和哲理以深入浅出的形式呈现出来的作品却并不多见。这是当前中国宣传思想文化工作的难点。进而言之,即使形式上有创新,内容上很扎实,能不能实现向世界讲明白"中国的理论故事"? 这更是当前中国宣传思想文化工作的痛点。究其实质,这涉及理论型节目要着力突破的三大瓶颈:更加大众化,更有创新性,更须跨语境。

由北京市委宣传部指导、北京广播电视台特别策划的大型世界文明交流互鉴读书节目《认识你真好——习近平总书记的书单》,在探索中找到了理论型节目创新的主攻方向,确定了最终的呈现方式:以习近平总书记的书单为载体,保障了节目的思想厚度;以"两个结合"这一最大法宝为焦点,确立了节目的理论深度;以中外代表性专家讨论为中心,展现了节目交流广度;以对话、互动和调研为形式,彰显了节目的创新活度。

书目的选择是关键

众所周知,中华经典博大精深,马克思主义论著思想深刻,如何阅读,是首要问题。习近平总书记给我们作出了表率。1985年,时任厦门市委常委、副市长的习近平同志,在与一位大学生交流时特别提到了《资本论》。他说:"要把马克思著作反复读,用心读,'厚的读薄,薄的读厚',读薄的过程就是由浅入深,由表及里,一步一步理解它的精神实质、掌握其内涵精髓的过程。"于是节目组择取这部"工人阶级的圣经"进行讨论,主抓的核心内容即"规律"。由厚读薄,是为了发现"规律"——共产党执政规律、社会主义建设规律、人类社会发展规律;由薄读厚,是要将认识到的规律再付诸实践、指导实践,并于不断变化的实践中升华规律。

2013年3月,巴西《经济价值报》的一名记者在金砖国家媒体联合采访中,向习近平总书记提了这样一个问题:"作为中国领导人,领导一个13亿人口的大国,感觉是什么?"当时习近平总书记是这么回答的:"这样一个大国,这样多的人民,这么复杂的国情,领导者要深入了解国情,了解人民所思所盼,要有'如履薄冰,如临深渊'的自觉,要有'治大国如烹小鲜'的态度,丝毫不敢懈怠,丝毫不敢马虎,必须夙夜在公、勤勉工作。"同年11月,习近平总书记到山东曲阜孔府和孔子研究院考察,他拿起孔子研究院一张大桌子上摆放的

《论语诠解》和《孔子家语通解》翻阅，还表示要仔细看看这两本书。作为中国传统经典，无论是《道德经》，抑或《论语》《孔子家语》，都在讨论一个重大议题："道理"。所以节目组择取此三书，就是希望借助古典来解释当代中国的发展之至道与文明之机理。

20世纪60年代，青年习近平在陕北窑洞读《哈姆雷特》，站在黄土高坡上，从"生存与毁灭"中，树立起为祖国、为人民贡献自己的信念，实现从小我到大我的升华。2014年和2016年，中国国家主席习近平先后两次提及雨果的作品，并评价说："我看《悲惨世界》，读到卞福汝主教感化冉阿让那一刻，确实感到震撼。伟大的作品，就是有这样一种爆发性的震撼力量，这就是文以载道。"节目组择取这两本书，意在探讨"命运"问题。这个"命运"，不单是中国未来的命运，更是怀着深沉的思考看待人类文明的共同命运。毕竟，人类文明的发展关乎全世界的命运。文明是各国的共同财富。人类所探索的多元现代化道路，终极目标是为了共同创造至高至善至美至远的人类文明形态。

理论的贯通是灵魂

马克思主义中国化时代化的推进和完善，决不能抛弃马克思主义这个魂脉，决不能抛弃中华优秀传统文化这个根脉。坚守好这个魂和根，是理论创新的基础和前提，理论创新也是为了更好坚守这个魂和根。讲好"中国的理论故事"，最大的使命即讲清楚"两个结合"的来龙去脉、深邃要义与当代表现。文艺的表达讲求的是形象、生动且易于传播。因此，在考虑如何将理论润物细无声地贯注于全程之中时,节目组实际上巧妙地运用了三种手法。一是"借喻说理"。通观下来,在嘉宾们的话语中,在很多穿插画面中,不断在用很多拟态化的语言或形象解释"两个结合"的原理所在。比如,有专家将5000多年一脉相承、不曾断裂的中华文明比作一棵枝繁叶茂、硕果累累的大树。大树能够千年屹立不倒、能够经风雨不凋谢、能够历霜雪不衰败,关键因素无疑是默默深藏沃土之中为大树汲取无穷滋养的树根,此"根脉"就是中华优秀传统文化,根固所以树牢。然而近代以降,西方强势文化的侵凌,使得根植于农耕文明的中国一时手足无措,但国人明白:一味西化终将歧路亡羊。千寻百觅后,中国引入了马克思主义,这种真理如同灵魂一般让岌岌可危的中国摆脱险境,并激活中华优秀传统文化中富有生命力的优秀因子并赋予新的时代内涵,魂塑因而体健。二是"事中见理"。实践成就是理论有效性最好的证据。这档节目的叙述主线极为明晰,力求用一项项真实的成就、一件件实在的事情,将"两个结合"所形成的制度优势、实践创新予以直观的表达。从新民主主义革命的伟大胜利、东北老工业基地的振兴到全过程人民民主、新质生产力,从民本到民主,从九州共贯到中华民族共同体,从万物并育到人与自然和谐共生,从富民厚生到共同富裕,以多元的角度、丰富的层次,讲清楚了"中华文明别开生面,实现了从传统到现代的跨越,发展出中华文明的现代形态"的大道。三是"透物见人"。这原本是源自考古学的术语。人是文化的承载者,更是历史的创造者,也是理论的创新者。一件先秦时期的欹器,将中庸思想展示得妙到毫巅;一套饮茶的器具,把和谐理念阐释得淋漓尽致;一部珍藏了数十年的《资本论》,把真理力量表达得充分至极;一篇闻名于世的外国小说,将全人类共同遵循的价值观演绎得十分传神。由此亦可见节目组用心之巧,嘉宾们演绎之佳。

　　总之,《认识你真好——习近平总书记的书单》立足于多元文化生长脉络和世界文明发展成果,透过一部部沉甸甸的文化经典,梳理文明发展之大脉、直面时代命题之大端,在共有空间与思想场域中,开启一场熔铸古今、会通中西、有益当下、启迪未来的跨语境高质量文明对话。这种新尝试是难能可贵的。

主要参考文献

1.《习近平著作选读》第一卷、第二卷,人民出版社 2023 年版。

2.《习近平谈治国理政》第一卷,外文出版社 2018 年版。

3.《习近平谈治国理政》第二卷,外文出版社 2017 年版。

4.《习近平谈治国理政》第三卷,外文出版社 2020 年版。

5.《习近平谈治国理政》第四卷,外文出版社 2022 年版。

6. 习近平:《决胜全面建成小康社会　夺取新时代中国特色社会主义伟大胜利——在中国共产党第十九次全国代表大会上的报告》,人民出版社 2017 年版。

7. 习近平:《高举中国特色社会主义伟大旗帜　为全面建设社会主义现代化国家而团结奋斗——在中国共产党第二十次全国代表大会上的报告》,人民出版社 2022 年版。

8. 习近平:《在纪念孔子诞辰 2565 周年国际学术研讨会暨国际儒学联合会第五届会员大会开幕会上的讲话》,人民出版社 2014 年版。

9. 习近平:《在庆祝中国共产党成立 95 周年大会上的讲话》,人民出版社 2016 年版。

10. 习近平:《在哲学社会科学工作座谈会上的讲话》,人民出版社 2016 年版。

11.《习近平谈"一带一路"》,中央文献出版社 2018 年版。

12. 习近平:《论党的宣传思想工作》,中央文献出版社 2020 年版。

13. 习近平:《在党史学习教育动员大会上的讲话》,人民出版社 2021 年版。

14. 习近平:《在中国科学院第二十次院士大会、中国工程院第十五次院士大会、中国科协第十次全国代表大会上的讲话》,人民出版社 2021 年版。

15. 习近平:《论中国共产党历史》,中央文献出版社 2021 年版。

16. 习近平:《在庆祝中国共产党成立 100 周年大会上的讲话》,人民出版社 2021 年版。

17. 习近平:《论党的青年工作》,中央文献出版社 2022 年版。

18. 习近平:《携手同行现代化之路——在中国共产党与世界政党高层对话会上的主旨讲话》,人民出版社 2023 年版。

19. 习近平:《在文化传承发展座谈会上的讲话》,人民出版社 2023 年版。

20. 习近平:《在学习贯彻习近平新时代中国特色社会主义思想主题教育工作会议上的讲话》,人民出版社 2023 年版。

21. 中共中央文献研究室编:《习近平关于社会主义政治建设论述摘编》,中央文献出版社 2017 年版。

22. 中共中央文献研究室编:《习近平关于社会主义文化建设论述摘编》,中央文献出版社 2017 年版。

23. 中共中央党史和文献研究院编:《习近平关于网络强国论述摘编》,中央文献出版社 2021 年版。

24. 中共中央宣传部编:《习近平总书记系列重要讲话读本(2016年版)》,学习出版社、人民出版社2016年版。

25.《中共中央关于党的百年奋斗重大成就和历史经验的决议》,人民出版社2021年版。

26. 本书编写组编著:《〈中共中央关于党的百年奋斗重大成就和历史经验的决议〉辅导读本》,人民出版社2021年版。

27. 本书编写组编著:《党的二十大报告辅导读本》,人民出版社2022年版。

28. 中共中央宣传部编:《习近平新时代中国特色社会主义思想学习纲要(2023年版)》,学习出版社、人民出版社2023年版。

责任编辑：翟金明

封面设计：姚　菲

图书在版编目（CIP）数据

探寻建设中华民族现代文明之径 ／ 王学斌著.

北京 ：人民出版社，2024. 8. -- ISBN 978 - 7 - 01 - 026736 - 4

Ⅰ. K203

中国国家版本馆 CIP 数据核字第 2024KX965 号

探寻建设中华民族现代文明之径

TANXUN JIANSHE ZHONGHUA MINZU XIANDAI WENMING ZHIJING

王学斌　著

人民出版社 出版发行

（100706　北京市东城区隆福寺街 99 号）

中煤（北京）印务有限公司印刷　新华书店经销

2024 年 8 月第 1 版　2024 年 8 月北京第 1 次印刷

开本：710 毫米×1000 毫米 1/16　印张：14

字数：165 千字

ISBN 978 - 7 - 01 - 026736 - 4　定价：58.00 元

邮购地址 100706　北京市东城区隆福寺街 99 号

人民东方图书销售中心　电话（010）65250042　65289539